高校网球文化建设探究

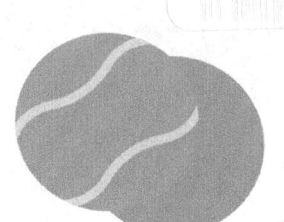

杨桂志 ◎ 著

中国戏剧出版社
CHINA THEATRE PRESS

图书在版编目（CIP）数据

高校网球文化建设探究 / 杨桂志著 . -- 北京：中国戏剧出版社，2023.7
ISBN 978-7-104-05384-2

Ⅰ.①高… Ⅱ.①杨… Ⅲ.①网球运动—文化发展—研究—高等学校 Ⅳ.① G845

中国国家版本馆 CIP 数据核字（2023）第 143257 号

高校网球文化建设探究

责任编辑： 高　峰
项目统筹： 周忠建
责任印制： 冯志强

出版发行：	中国戏剧出版社
出 版 人：	樊国宾
社　　址：	北京市西城区天宁寺前街 2 号国家音乐产业基地 L 座
邮　　编：	100055
网　　址：	www.theatrebook.cn
电　　话：	010-63385980（总编室）　010-63381560（发行部）
传　　真：	010-63381560

读者服务：010-63381560
邮购地址：北京市西城区天宁寺前街 2 号国家音乐产业基地 L 座

印　　刷：	天津和萱印刷有限公司
开　　本：	787mm × 1092mm 1 / 16
印　　张：	12.5
字　　数：	220 千字
版　　次：	2023 年 7 月　北京第 1 版第 1 次印刷
书　　号：	ISBN 978-7-104-05384-2
定　　价：	72.00 元

版权专有，违者必究；如有质量问题，请与出版社联系调换。

前　言

随着经济的发展，人民生活水平的提高，人们健身意识逐渐增强，对体育娱乐的需求也逐渐增多。网球运动作为一项深受大众喜爱的热门运动已逐渐进入到现代人的文化生活中。它不仅在政治、经济、文化等领域发挥着巨大作用，也在现实生活中潜移默化地影响着人们的生活方式。网球文化已融入现代人的生活，并在很大程度上影响着现代人。

网球运动本身是一项十分优雅的体育运动，当下在我们国家的各个高等学校（以下简称高校）内部流行开来，并且是大学生普遍愿意参与并喜爱的运动。网球运动从根本上来讲有着很多优秀的功能，如加强参与者身体素质，在竞技娱乐的过程中获得身心的愉悦等。与此同时，也体现出较好的文化教育功能，如果想要保证网球运动在高校内部的开展，那么学校内部的整体网球文化氛围是一项十分重要的基本保证，通过在高校内部不断进行网球文化建设，能够对大学生起到有效的引导作用，使其能够主动参与到网球运动中，能够在不断锻炼的过程中养成拼搏进取、不懈努力的精神，并且形成相互协作的思想观念，而上述几点均为网球文化中相当重要的价值所在。依照相关的实践经验可以得出，在高校内部建立起优秀的网球文化，能够为网球运动在人民群众中的普及以及进一步发展起到有力的推进作用，并且也可以全方位发挥出网球运动本身所具有的优秀价值来。那么，在当下高校日常运行的过程中，必须要重点进行研究的问题就是，通过怎样的方式在校园内部有效建立起优秀的网球文化。

网球文化是人类在参与网球运动与推动网球发展的过程中，在精神情感、制度约束、心理状态、物质基础等方面形成的心理认知，在实战技巧、理论认识、方式方法等方面展现出的思维特点，以及在实践与生活中积极采取行动的总和。

网球文化的精神实质是网球运动中人们所表现出的诚信、文明礼节、谦虚自信、尊重、团结协作和美感意识等要素。这些网球文化要素也是网球教学中教书育人最具价值的素材，同时也是提高学生德行素养的优秀题材，对全面加强网球课中学生综合素质的培养具有积极的意义和作用。

高校网球运动发展应该以网球文化为核心，营造网球文化氛围，构建具备高校特色的网球文化发展模式，达到促进网球运动协调发展的目标。在具体的网球教学中，教师应当有机地结合网球文化要素，通过不同的途径和方法，培养学生的道德和行为素养。还应当灵活把握好培养和灌输的时机和尺度，真正把网球教学向培养学生综合素质方向推进。

在高校之中不断地加大网球文化建设力度，是当下中外运动相互融合的具体表现，也是进一步增强素质教育的有效方法。只有使学生更加深入地感受到网球文化中的优秀内涵，才可以全方位地将网球文化的价值展现出来。因此，高校应通过对网球文化和相关知识进行大力度宣传、在学校内部建立网球运动俱乐部，以及提升网球教育工作效果等方法来不断加强网球运动在高校内部的影响能力，最终达到建立优秀网球文化的理想效果。

在当前的时代背景影响下，高校在进行网球课程教学安排的过程中必须要给予网球文化以高度的重视，只有积极地将学校内部的网球文化建立起来，才能够真正达到优化对学生整体体育道德的目标，保证网球运动在高校内部得到健康的发展，与此同时还可以使网球这一优秀的体育项目得到更进一步的普及，提升大学生的运用能力。

本书主要从高校教学活动进行过程中网球文化的建设出发，对加强高校网球文化建设的有效方案进行了研究与分析，希望能够为相关行业做出一些贡献。

本书第一章为网球文化概论，介绍了网球运动的发展历程、网球文化的内涵与特征、网球文化的功能、网球文化的礼仪、网球文化与大学生的身心发展等内容；第二章为高校网球文化的价值与内容，对网球文化在高校网球教学中的价值分进行分析，阐述了高校网球队伍组织建设、高校大学生网球竞赛的展开、高校网球联赛的组织等内容；第三章为高校网球文化的发展现状与策略，对高校网球文化发展现状、促进高校文化发展的原因、高校网球文化发挥存在的问题进行了分析，提出了高校网球文化的发展策略；第四章为高校网球文化建设中的人才培养，介绍了如何培养网球意识、网球体能素质提高、网球心理素质训练等内容；第五章为高校网球文化建设的教学实践，阐述了网球运动技术基础理论、网球运动战术基础理论、高校大学生网球技术能力的培养、高校大学生网球战术能力的培养等内容。

在撰写本书的过程中，作者得到了许多专家学者的帮助和指导，参考了大量的学术文献，在此一并表示真诚的感谢！

限于作者水平有限，加之时间仓促，本书难免存在一些疏漏，在此，恳请同行专家和读者朋友批评指正！

杨桂志
2023 年 3 月

目录

前言 1

第一章　网球文化概论 1
 第一节　网球运动的发展历程 2
 第二节　网球文化的内涵与特征 11
 第三节　网球文化的功能 16
 第四节　网球文化的礼仪 18
 第五节　网球文化与大学生的身心发展 22

第二章　高校网球文化的价值与内容 25
 第一节　网球文化在高校网球教学中的价值分析 26
 第二节　高校网球队伍组织建设 28
 第三节　高校大学生网球竞赛的展开 33
 第四节　高校网球联赛的组织 45

第三章　高校网球文化的发展现状与策略 49
 第一节　高校网球文化发展现状分析 50
 第二节　促进高校文化发展的原因分析 56
 第三节　高校网球文化发展存在的问题 57
 第四节　高校网球文化的发展策略 59

第四章 高校网球文化建设中的人才培养 · · · · · · 65
第一节 如何培养网球意识 · · · · · · 66
第二节 网球体能素质提高 · · · · · · 68
第三节 网球心理素质训练 · · · · · · 92

第五章 高校网球文化建设的教学实践 · · · · · · 101
第一节 网球运动技术基础理论 · · · · · · 102
第二节 网球运动战术基础理论 · · · · · · 113
第三节 高校大学生网球技术能力的培养 · · · · · · 121
第四节 高校大学生网球战术能力的培养 · · · · · · 160

参考文献 · · · · · · 185

第一章 网球文化概论

网球运动是集健康、休闲和时尚于一身的球类运动，随着网球运动的不断发展，网球文化逐渐形成，并形成了丰富的体系。发展网球运动，推广网球文化，对社会主义精神文明建设、全民健身发展及国家社会经济发展等都具有重要的推动作用。本章简要阐析网球文化概论，包括网球运动的发展历程、网球文化的内涵与特征、网球文化的功能、网球文化的礼仪以及网球文化与大学生的身心发展。

第一节 网球运动的发展历程

一、网球运动的起源

网球运动、高尔夫球运动、保龄球运动、台球运动被称为"世界四大绅士运动"。网球运动获得了全球各地人民的喜爱,但关于其具体起源的说法有很多。当前我们所说的网球是经过不断演化得来的,同时也得到了国际公认。尽管网球的玩法有很多种,但是差异相对有限,只是在各个国家被赋予了不同的名字,如在澳大利亚被称为 Royal Tennis,在美国称为 Court Tennis,在法国被称为 Jeu de Paume,在英国被称为 Tennis。但由于网球最早在法国成形,所以法国是网球的发源地。

网球运动起源于 12—13 世纪的法国,在那时法国传教士经常在教堂回廊通过手掌击打和小球很像的物体,借此来调剂日常生活。随着时间的推移,用手掌击打小球的活动传入法国宫廷,同时在很短的时间内发展成王室贵族的娱乐游戏之一,并称该游戏为"掌球戏"[①]。这项游戏从室内转移到室外,在开阔空地上把绳子夹在中间,两边分别站一个人,两人用手来回击打裹着头发的布球。后来,该项游戏传入英国。相传,"英法百年战争"期间,法国国王向英王亨利五世下了战表,其所下战表是一箱网球,阿金库尔战役由此开始。网球由此在英国大范围流行起来,并且发展成为英国上层社会的娱乐活动之一,所以其有"贵族运动"之称。

发展到 15 世纪,该游戏从手掌击球转变为板拍打球,不久后出现了用羊皮纸做拍面的椭圆球拍,场地中间的绳子变成了网子。该项活动的兴盛阶段是 16 世纪和 17 世纪,在这一时期网球慢慢发展成了一种比赛。后来,该项运动得到了瑞典国王戈斯塔夫五世、俄罗斯皇室及欧洲贵族的喜爱。1858 年,"网球场"由英国人哈利·梅姆建造而成,其对早期开展网球游戏发挥了很大的促进作用。1872 年,英国人哈利·梅姆又在莱明顿成立了网球俱乐部,增加了网球游戏的影响力。1873 年,英国温菲尔德少校对早期网球打法进行了进一步改善,同时将草坪定为该项活动的场地,同年正式出版了《草地网球》一书,其提出了和现代网球打法相对接近的系列性打法。1874 年,对球网大小与球网高低做出了详细规

[①] 徐中明、刘宝海:《网球运动指南》,山东科学技术出版社 1991 年版,第 1 页。

定，并且在英国举行了相对简单的草地网球比赛。1875年，英国板球俱乐部对网球比赛规则做了进一步修订。1877年7月，第1届温布尔登草地网球锦标赛在英国温布尔登成功举办。随后网球比赛场地被确定为长23.77米、宽8.23米的长方形，同时球网中央高度被设定成99厘米，每局采取15、30、40等记分方法。1884年，英国伦敦玛丽勒本板球俱乐部将球网中央高度改成91.4厘米。现代网球运动在此之后正式形成，同时经过很短时间就在欧美盛行起来，发展成了很多人喜爱的运动。1896年，在第1届奥运会上网球运动被设置成正式比赛项目，随后因为国际奥委会与国际网球联会在业余运动员定义方面存在着不同意见，奥运会的网球项目被许多国家奥委会取消。1984年，在第23届洛杉矶奥运会中网球比赛被列为表演项目，1988年网球运动被再次列为奥运会正式比赛项目。

二、网球运动的发展现状

（一）国际网球运动的发展现状

1. 世界性的热门运动

从温布尔登网球锦标赛举办开始，网球运动参与者数量不断增加。截至目前，网球已经发展成世界性热门运动，在欧美地区表现得尤为明显，其他运动项目大多难和网球运动普及程度做比较。例如，在美国和澳大利亚等网球强国，人们对网球的热情日益高涨，并且在网球运动参与人数、网球俱乐部数量、网球运动场地面积等方面均具有很大的优势。对于亚洲地区来说，网球运动开展情况和欧美国家存在着很大差异，但该运动依旧是参与人数较多的项目。

2. 网球赛事活跃

就当前世界体坛中全部比赛项目来说，网球比赛最为活跃。尽管在1920年以后，网球运动被长时间隔绝在奥运会比赛外，但并未制约其发展进程。自1968年开始，在规定职业网球运动员与业余网球运动员能够同场参与比赛后，网球比赛数量不断增加，几乎每周都有锦标赛和挑战赛等大型国际网球赛。例如，1980年由国际男子职业网协组织的沃尔沃大奖赛，分别在30多个国家的80多个城市分期举办了90多次比赛。在当前全球各地每年举行的国际网球赛中，男子比赛的举办次数和女子比赛的举办次数十分频繁。

3. 重大网球赛事多

就国际网坛来说，影响范围广、整体水平高的国际网球赛主要有温布尔登网球锦标赛、美国网球公开赛、法国网球公开赛、澳大利亚公开赛、戴维斯杯网球锦标赛、联合会杯网球赛。其中，温布尔登网球锦标赛、美国网球公开赛、法国网球公开赛、澳大利亚网球公开赛属于单项比赛，被称为"四大网球赛"，戴维斯杯网球锦标赛与联合会杯网球赛则是最重大的国际团体锦标赛。上述六项比赛均获得了国际网联的认可，同时每年举办一次，"四大网球赛"是以个人名义参与，戴维斯杯网球锦标赛和联合会杯网球赛则需要以国家为单位或地区为单位来参与。除了以上六项比赛外，九项网球"大师杯"系列赛和"大师杯"总决赛也获得了广泛关注。

4. 组织机构能力强大

随着时间的推移，国际职业网球协会的体系特征越发明显，其包含了整年75场以上的国际职业比赛，同时出版发行一年52期的"世界网球排名表"，旨在提高网球运动的世界知名度，使职业选手利益最大化。就"世界网球排名表"的本质进行分析，其是世界网球选手的"浮动金榜"[①]，许多国际球星都极为重视自己在国际网坛中的具体排名。原因在于不仅能根据具体排名获得代表本国或本地区参与戴维斯杯网球锦标赛和联合会杯网球赛的资格，同时这一"浮动金榜"也对球星在体育用品行业中的广告价值具有重要作用。因此，世界各国球星均积极投身于世界网坛中，尽全力在不同级别的国际比赛中取得最佳成绩，向世界各国展示其运动水平和人格魅力。与此同时，无论具体排名如何，"浮动金榜"的第一名确实是经过不同国际比赛层层筛选出的最优秀球星，这对促进网球运动整体发展具有重要作用。就当今世界体坛来说，网球日益活跃的赛事，大额奖金与收入，显然是结合了国际网球组织的发展形势和发展需要，同时还是和国际网球组织相互配合、相互协作的结果，另外也和有效发挥各自作用存在直接关系。

5. 网球技术朝着综合技战术的进攻型打法发展

从存在网球运动比赛制度开始，网球技术处于持续变更状态，网球技术从防御变成进攻最为明显。与此同时，为使反手击球的力量与稳定性得以强化，双手反手击球的应用范围持续拓宽。为了增加对手回击难

---

① 徐中明、刘宝海：《网球运动指南》，山东科学技术出版社1991年版，第7页。

度，开始采用大角度切削发球技术。不同类型的打法更加重视速度与力量相结合的重要性，进而使进攻威力得到强化。在进攻型网球技术不断发展的背景下，网球比赛越发激烈。就现阶段来说，比赛双方的攻守技术又上升到新高度。在发球方面，追求力量大、速度快、落点刁、旋转多变；正反手技术开始接近平衡，加力上旋抽击被广泛使用；网前进攻与底线破网技术更加重视质量；所有高水平选手均已可灵活运用几套攻守战术。

（二）中国网球运动的发展现状

就我国而言，网球运动发展历史有100多年。然而，中华人民共和国成立之前大多数人认为，网球运动属于贵族运动范畴，故而参与人数十分有限。网球运动的参与群体主要有学生、教师、外国侨民、社会上层人士。20世纪60年代初，由于国家经济困难，全国性的网球发展处于停滞状态，1972年，网球运动才在我国得以重新展开。改革开放之后，伴随着我国经济发展水平和综合国力的大幅度上升，我国人民的生活水平也得到了大幅度提升，网球在这种环境下迅猛发展。随着时间的推移，网球逐渐成为集休闲、娱乐、健身于一身的运动项目，参与网球运动的人越来越多。

相关资料统计显示，当前我国网球爱好者分布在我国各个地区，多达100多万人，全国网球场地数量持续增加，这些均表明我国网球运动发展前景较好。但需要改善的是尽管网球场地的数量逐年增加，然而真正欣赏网球运动的人极为有限。在每年的全国卫星赛上，入场观看赛事的观众却很有限，部分比赛观众比运动员还少。但上海大师杯赛的入场观看人数却很多，观众可能更加倾向于观看高水平网球比赛。观众数量少凸显的重要问题是，在我国顶尖级国际网球球员还比较有限，另外也表明我国相关部门对网球运动的推广工作还需进一步加强。

在影响网球运动发展的众多因素中，场地少以及场租费用高是重要制约因素。另外，我国许多工薪阶层对网球运动消费的承受能力还相对不足。20世纪90年代，我国走上了和国际接轨的探索之路，实施崭新的巡回赛制，同时设置了具体奖金与排名，然而该赛制经过短时间盛行后，由于欠缺赞助资金而逐渐冷清。由此可见，网球运动要想获得可持续发展，依靠群众基础、资金、市场化运作等方面的力量是十分必要的。

在现阶段，我国从事网球活动的青少年有几万人，其中注册为专业运动员的人数有几千人。然而，优秀网球运动员的欠缺，在国际大型网球比赛中取得理想成绩的运动员较少，是制约我国网球运动发展的重要因素，就国际体坛来说，网球运动职业化程度极高，并且基本形成了一整套固定的职业化运行模式。近年来，我国开始引导部分网球运动员进入职业圈，然而在实际运作方面始终没能和国际充分接轨，所以我国网球运动员参与国际高水平网球比赛的机会还较为有限。要想使我国网球运动真正走向世界，则须积极运用有力手段使男子网球运动员涉足职业网球联合会（ATP）巡回赛，女子网球运动员踏进国际女子网球协会（WTA）巡回赛，参与四大网球公开赛。

除此之外，我国网球运动发展还存在着体制薄弱问题，运动员工资大多固定，生活费和医疗费由国家承担，网球运动员在无压力状态下参与训练、比赛，优越感较强，同时在比赛中获得理想成绩还可获得大额度奖金。在这种情况下，运动员往往会处于放松状态，激发运动员拼搏精神和顽强意识的难度较大，有效提升比赛成绩的难度也较大。

上述是制约我国网球运动发展的外部因素。此外，在我国网球运动发展中还存在着部分矛盾，即制约我国网球运动发展的内部因素，具体如下。

1. 网球训练理念与方法较为传统

当前，我国网球运动训练理念还处在传统与落后的状态，这就要求我国应对网球运动员战术意识培养予以高度重视。相关研究表明，多数省体工队的训练只是单方面的底线对攻打法，持续对打次数多达十几拍乃至几十拍，仅用熟练技术与顽强意识来参与训练，只是消极等待对手失误，这样的运动员无法形成主动进攻意识。运动训练的科学性和有效性属于运动员比赛成绩提升的基础条件，当前我国网球运动发展过程中一项显著问题是训练与比赛脱节，未能立足于实战来组织具体训练，日常训练内容无法运用于赛场中，而能够在赛场中运用的内容未能得到日常训练的重视。与此同时，在战术组合方面不够细致，经常用不变应万变，灵活变换战术行动的次数相对较少，没有从根本上掌握网球竞技制胜的规律。另外，由于缺乏适宜的训练方法，致使运动员在比赛过程中欠缺灵活性和调整能力。

纵观如今世界网球比赛，球速和力量获得了空前的发展，一场比赛结束后，比分的70%是在双方运动员分别击二至三拍即可决出输赢。因此，网球运动训练重点应当是头三拍，发球训练和接发球训练极为重要，原因是整场比赛比分中，发球得分和接发球得分大约占得分的一半。在日常训练中，教练员应当引导运动员有效掌握先进打法，推动运动员能够使用较大力量、较快速度来击球，主动参与到网前拼抢中，从而形成攻守转换意识以及技战术风格。

2.运动员态度不端正

在国外，部分网球运动员为拥有参与世界性网球大赛的资格，通常会做出巨大努力，因为他们甘愿付出超出常人的努力，所以他们可以不断进步，最终获得优异的运动成绩。但分析我国网球运动员可知，我国主动参与艰苦训练的网球运动员很少，部分运动员出现了厌倦心理，盼望着早点退役，个别人仅想靠运动员身份来获取利益，在网球训练和网球比赛中投入的精力过少。很多网球运动员均是被动参与训练，而非主动参与训练。由于运动员在心态方面存在问题，所以即便有教练员监督，依然无法获得理想的训练效果。可以说，我国很多网球运动员参与训练的动机不够明确，缺乏足够的动力，勇于挑战自身的勇气比较欠缺，欠缺战胜一切的精神。WTA网球学院教练丹尼尔·柯曾指出限制在学院接受训练的几名中国球员的重要因素是缺乏主观精神，某些球员常常由于个人私事放弃训练，如此必然会制约我国网球运动员的运动水平。

3.教练员执训水平较差

提升我国网球运动水平和建设优秀的专业教师团队有不可分割的关系。前国际网联主席贝蒂曾经直言，我国网球教练员水平较低是制约我国网球运动发展的一项关键因素。[1] 在现阶段，我国网球教练员往往是早期退役的运动员，其普遍特征是年龄较大、观念相对落后、理论更新速度迟缓、训练手段陈旧、创新意识和创新能力不足。

高水平网球教练员的一项显著标志是能快速了解和掌握世界网坛最新技战术发展以及动态。在网球技术不断发展、不断创新的背景下，网球教练员需要全方位了解和熟悉世界网坛发展动态、技战术变化等方面的知识与动态，从而及时更新网球运动训练方法。对比中澳网球教练员执训特点得出，澳籍教练员为有效调动运动员参与训练的主动性，会引导运动员参与趣味性强的对抗运动。在引导运动员参与技战术学练的过

---

[1] 陶志翔：《网球运动教程》，高等教育出版社2007年版，第15页。

程中，在讲解网球运动原理和战术原理时会采用画图和演示两种方式，进而使运动员直观接受相关原理。同时，澳籍教练员也时常利用对比法来分析网球技术，十分重视训练智能化和竞赛智能化，并且澳籍教练员的陪练技巧掌握得较好。这几方面均为我国网球教练员欠缺的素质和能力。

由此可知，要想推动我国网球运动发展进程，提高网球比赛成绩，需要对网球训练理念及时更新，选取适宜有效的训练方法，激发网球运动员的训练积极性和比赛积极性，推动教练员专业素质和执训水平的提升。与此同时，还需主动探索和我国实际国情相适应的网球发展之路，即不断拓宽网球运动在我国的普及范围，不断完善网球训练体制和竞赛管理体制，及时更新传统训练方法以及传统训练模式，向我国网球运动员提供更多参与国际网球赛事的机会，推动运动员和教练员的实践水平与科研水平，加强各级院校网球课程的开展，深化改革网球教育等。通过这些方面的积极探索，大力促进我国网球运动的发展。

现阶段，虽然我国网球运动发展进程受到许多外部因素以及内部因素的制约，但我国网球运动依然取得了比较明显的进步。因此，我们需要在正确认识网球运动发展缺陷的同时，保持积极乐观的心态，采用有效措施推动我国网球运动的健康稳步发展。

三、网球运动的发展趋势

（一）女子动作男性化

力量型运动员占据主导地位、女子动作更加男性化是近些年女子网坛的一个显著趋势。国际女子网球协会排名靠前的运动员均为力量派的杰出代表，如美国选手大威廉姆斯。女子网坛中虽然力量派占主导地位，但不能否认技术的突出作用，如美国网球运动员威廉姆斯姐妹和比利时网球运动员克里斯特尔斯等不仅在力量方面占据突出优势，同时其底线技术也尤为出色，再配合其灵活步法和充沛体能，使得她们成为长时间称霸世界网坛的霸主。

（二）网球人口的国际化

在现阶段，世界网球运动普及范围不断扩大，推广程度不断提高，这是网球运动发展史上从未出现过的现象。以前网球运动在发达国家相对普及，如今网球运动在发展中国家的普及范围也相对较大，这促使各个国家参与网球运动的人数不断增加，世界网球人口不断上涨。截至目前，国际网球联合会（以下简称国际网联）的会员已有200多个。世界各国在积极普及和推广网球运动的同时，也在积极培养高水平网球运动员。由美国、英国、澳大利亚、法国等网球强国构成的称霸世界网坛的格局被打破，网坛争霸开始朝着多极化方向发展。

考量网球运动发展速度以及发展规模后得出，网球运动属于人类社会新经济秩序基因库的一个重要成员。众多网球爱好者在网球运动文化要素与愉悦大众精神的吸引下，主动参与到网球运动中。积极接纳网球运动的国家和地区逐年增加，网球运动的参与人数逐年增加。网球运动已经趋于全球化，在今后网球人口还将持续增加。

（三）网球比赛商业化、职业化

1968年，国际网联取消不允许职业球员参与重大网球比赛的禁令，由此世界网球大赛的商业色彩越发浓厚，现阶段四大比赛与各级大奖赛、巡回赛、大满贯和独资赞助的大赛奖金数额不断上涨。在大额奖金的刺激下，网球运动员向着职业化、专业化方向不断发展，网球比赛的商业化趋势和职业化趋势也日益显著。

（四）网球技术全面化、精细化

就网球技术全面化来说，其主要体现在两个方面：一方面，场地性能不同，则球速、弹跳规律、跑动步伐、调整方式均存在着很大差异，所以网球运动员要具备较强的适应能力，并且积极推动自身技术朝着全面化方向发展；另一方面，要想更好地适应频繁赛事、激烈对抗以及攻防矛盾的转换，同样需要运动员朝着技术全面化的方向发展。

与此同时，技术精细化也是网球技术发展的一项显著趋势。就现阶段的网球运动来说，并非所有选手均在单方面追求发球速度，时速处于200千米/小时以上的发球极少，而时速在150~180千米/小时的发球直接得分极为普遍，这并非表明现代网球运动员发球技术有所弱化，相反说明现阶段网球运动员越来越重视发球技术是否精细，努力将发球旋转变化与角度有机结合起来。除此之外，在球体增大、击球回合增加的情况下，网球运动员通过大力击球来得分的难度不断增加，需要通过提早击球时间来使落点更加准确、球速处于最佳，从而占据先机。

（五）攻防技术与战术不断创新

从技术方面进行分析，双手反拍对反拍攻击力具有强化作用，同时正手攻击性上旋高球已经发展成反拍攻击性上旋高球，有效增强了运动员的防反能力。高难技术持续增加，如鱼跃截击球技术、反手高压、胯下击球、双打中的扑抢网技术、用快速起跳高压来应对攻击性上旋高球等。快速场地上对发球上网技术的应用，有效推动了接发球破网技战术的发展。除此之外，双打接发球方的抢网战术在男双、女双、混双中的运用，有效提高了网球运动的攻防技术和攻防战术。

（六）全能型打法逐步取代单一型打法

相关研究表明，现阶段很多网球运动员采用全能型打法，采用该打法能够推动网球运动员一发成功率超过70%，发球得分率超过60%。另外，采用该打法发出200千米/小时左右速度的球后，发球方获得ACE球（直接得分的发球）的概率更大。相关研究证实，当前网球运动员的得分手段相对较多，可以均衡分布在各个攻击点面。

对于网球比赛来说，网球运动员正手具有重要作用，正手发球和接发球均可给对手施加很大的压力，采用正手击球的同时配合使用整套技战术系统，如变化多样的反手、速度极快的步伐以及网前截击等。正手击球表现通常都可以在网球比赛中获得较好效果，采用正手击球法取得的得分大约占总得分的一半。换句话说，强大的正手可以让网球运动员紧握底线优势。但不可否认的是，网球技术纷繁复杂，并非只局限在正手上，其他击球技术同样可以获得较好效果。例如，反拍灵活性突出，打出的回球往往能超出对手想象，进而成功破坏对手击球节奏。在网球比赛中，擅长全能型打法的运动员还可以运用上网战术向对手施加压力，利用成功拦截球取得比分。在某些情况下，网球运动员会不固定地放网前小球，变化多样的打法促使对手无法提前做好防范措施。这些均表明，在网球比赛中运动员使用全面主动打法，能够占据绝对优势，提升获胜概率。在现代网球运动中，有机结合全能型打法技术和力量的运动员不断增加，反映出了全能的技术，技术、力量、技巧并重的全能型打法已发展成为现代网球运动的显著趋势之一。许多网球运动员利用全能型打法，努力促使自己成为在力量和技术等方面均具备显著优势的全能人才。

（七）心理抗压能力在比赛中越来越重要

在激烈比赛中，尤其是处理关键球的时刻，网球运动员心理素质对比赛结果具有直接性影响，绝大部分教练员和运动员均已认识到心理素质的重要性，同时对心理素质训练予以了高度重视。在比赛关键时刻，倘若运动员具备较高的心理素质，则可以有效发挥自身技术水平，甚至可能出现超常发挥的现象，进而给对手施加巨大压力；反之，倘若网球运动员心理素质较差，则无法充分发挥已经具备的技术水平，最终造成连续失误，直至输掉比赛。分析当前的国际网坛可知，顶尖网球选手通常是技战术技能高超、体能素质与心理素质较高的运动员。

因此，培养网球运动员的过程中，不仅要强化体能训练与技战术训练，也要将心理素质训练放在重要位置，科学培养网球运动员心理素质具有重要意义。网球运动员只有将技战术、体力、心理抗压能力协调好，才能在网球比赛中获得优异成绩，而协调好这几方面的能力需要在长期训练和培养后方可实现。在培养网球运动员技战术、体力、心理的过程中，心理素质培养相对复杂，心理素质与其他两方面的不同是其属于意识范畴，是无形的，是看不到摸不着的。经过科学有效的训练，网球运动员的技战术水平和体能素质可以得到提升，但心理素质则需要在长期训练后，才能得到有效提高。

第二节　网球文化的内涵与特征

一、网球文化的内涵

主要体现为以下几点。

（一）诚实守信

网球运动倡导诚实守信，也贯彻诚实守信的原则，参与网球运动的人从始至终都要诚实，这是从道德层面对参与者提出的基本要求。高校网球比赛的常见形式是信任制比赛，也就是没有裁判员的比赛，这样的比赛不仅考验运动员的体能、技术和心理等技能素质，也是对运动员诚实守信等道德观念和行为的考验，界内和界外全由球员自己裁定，比赛的判定基于双方球员的诚实和信任，网球运动对培养运动员诚实守信品质发挥了积极作用。

例如，在广州第16届亚运会男子网球半决赛中，乌兹别克斯坦选手伊斯托明主动"举报"自己，向裁判申请将本来已判罚对手出界的关键性一球改判为界内球，如果不"举报"他已经获得全场比赛的胜利。伊斯托明差点为这个举动付出惨重代价：比赛继续进行，对手却逐渐将比分追平至5比5，经过艰苦鏖战，最终才以7比5险胜。伊斯托明的诚实也感动了裁判、对手和在场的所有观众，伊斯托明行为体现了诚实守信的体育道德，他也因为这个不寻常的举动，被亚洲网球联合会授予体育风尚奖。

（二）集体主义精神

在网球双打项目和团体项目的比赛中，均体现了集体主义精神，双打项目要求搭档的两名选手之间相互配合，团体赛要求队友之间密切配合。这其实也是对参赛选手的集体观的要求，只有每个选手都拥有集体主义精神，相互之间的配合才会更加默契，才会更加尊重队友，不断鼓励队友，顾全大局，以赢得最后的胜利。只有团队成员团结起来，团队具有很强的凝聚力，其战斗力才会进一步提升，集体主义精神也可以使网球选手终身受益。

网球运动倡导集体主义精神，不仅要求团队成员之间相互配合、相互尊重与相互鼓励，还要求教练员与选手密切配合，共同作战。在网球比赛中，教练员可在规则允许的范围内用一些动作来提醒选手，使场上选手接收并理解信息后能够对自身的场上状态有更好的了解，并做出相应的调整，以更好地投入比赛。

对高校大学生而言，培养集体主义精神和树立团结协作意识特别重要。在网球教学中，学生的集体主义精神与团结协作意识能够从他们轮换击球、相互送球、拾球等行为中体现出来。如果是同伴约球，就要严格遵守约定的时间，并将上场次序安排好。如果是组织网球友谊赛，学生可能还要担任裁判员的角色，这些都能够体现出网球运动的集体主义精神和文化内涵。

（三）谦虚与尊重

网球运动倡导谦虚、自信，要求每个选手都要尊重对手，谦虚自信和尊重对手也是现代教育和现代体育文化传播的主要内容。参加网球运动的人既要通过刻苦的训练来增加自信，又要保持谦虚，善于发现队友和对手的优点，虚心学习，这样才能获得更好的发展。

网球运动虽然是隔网运动项目，没有身体的碰撞，但场上的对抗依然十分激烈，并对网球运动员的人文精神提出了较高的要求，如保持自信、认真参赛、诚实谦虚、尊重对手。网球运动中竞争随处可见，这也是网球运动员不断进步的动力。但"君子之争"才是网球运动竞争的真正内涵，这要求网球运动员对球场上的一切都要表示尊重，如对裁判、对手、观众等人的尊重，对球网、球拍、场地等物的尊重。

网球运动员的个人形象是由多方面因素结合而成的，其中品行是非常重要的组成要素之一，不管网球运动员的技术水平有多高，如果他品行不端正，如言语粗鲁、行为蛮横、不尊重他人等，那么其也难以获得观众和裁判的认可。近些年，随着世界女子网球运动的不断发展，涌现出了像莎拉波娃、阿扎伦卡等这样的网球明星，她们深受观众的喜爱，这不仅是因为她们外表美丽，更是因为她们品格优雅、高尚，这样的网球运动员在网球场上是美丽的风景，吸引着观众与媒体的目光。很多大学生因为欣赏这些网球明星而参与网球运动，这些球星得体的穿着、优雅的动作也使得大学生争相模仿，其自信、大方、谦虚、坚强的品质与精神更是深深鼓舞了大学生和网球爱好者。

（四）思维与气质

网球运动能够对人的思维与气质进行培养，这是网球运动在哲学层面的文化内涵。网球运动比赛中，参赛选手身、心、脑并用，不仅进行技术上的较量，也进行体能、心理和智力上的较量，可以说这是一项斗智、斗勇、斗技的运动。随着现代网球运动的不断发展，网球运动员的专业技术水平越来越接近，当技术相近的两名运动员相互对抗时，技术之外的其他因素尤其是球路思维的组合成为双方制胜的关键因素，任何一方击球都不能是随意的和盲目的，要有明确的目的，要善于观察对手，并做好预判，思考接下来的球路与组合，如此才有得分的机会。网球运动员能否将技术、体能、心智融为一体，直接影响其在比赛中的竞技能力。

网球运动给人的整体感觉是从容、优雅。网球运动员在比赛中的一举一动都透露着气质，他们的击球动作是力量、智慧等众多因素结合而成的最终行为结果，能够充分体现出运动员的体能、技术和智慧。网球礼仪也透露着温文尔雅的品质，如温网中要求运动员身着白色球服，这说明英国人非常看重优雅。在高校网球运动教学中要充分认识到网球运动培养思维与气质的文化内涵，从而通过网球运动培养大学生的气质，促进大学生修养的提升。

二、网球文化的特点

（一）运动形式高雅

网球运动优美、高雅，这主要是因为网球运动最早是从西方贵族群体中发展起来的。网球运动优美、高雅的特征要求选手着装要整洁优雅，言行要讲文明礼貌。观众欣赏比赛也要遵守赛场要求，如不大声喧哗、不用照相机闪光灯拍照、不随意走动等。这些礼仪虽然没有成为规定，但也随着网球运动的不断发展而在世界各地广为传播、代代传承。

不管是业余爱好者参与网球运动，还是网球运动员参加网球比赛，都要按相关规则、规定和不成文的规矩来规范与约束自己的言行，不能随心所欲、肆意妄为，如运动员在比赛中即使不满意裁判的判罚，也不能说脏话，要采取合理途径和裁判协商，如果确实是自己的问题，即使再不满，也不要做出过激的言行，这样不仅无法改变裁判结果，反而会失去观众对自己的欣赏与认可，此时要做的是吸取教训，告诉自己接下来的每个球都要努力处理好，争取不再出现失误，不再违反规则。网球比赛中有些球是存在争议的，面对这种情况，如果不是关键分，双方尽量不要刻意去计较，要懂得谦让，给观众与裁判留下好印象，这也是对运动员的比赛心态进行培养的一个好机会。可见，网球运动不仅能强身健体，还能培养绅士风度和审美意识。

（二）参与者众多

有"贵族运动"之称的网球运动近些年来不仅出现在高收入群体中，也出现在大众群体中，这与社会经济的发展、人们生活水平的提高、闲暇时间的增加及健康观念的更新有直接的关系，大众化是现代网球运动的一个发展趋势。

在网球馆或公共体育场所打网球的人年龄分布在各个阶段，以中青年群体居多，也有很多家长陪着孩子打球的，从小挖掘孩子的天赋，培养孩子的网球素养。现代网球运动的参与者，不论国籍、肤色、性别、职业，他们在网球场上都是平等的个体，这些参与者又构成了一个庞大的社交群体，一部分人参与网球运动就是为了结交朋友，建立或巩固友谊。

另外，网球爱好者不管是亲自参与网球运动，还是在现场或电视机前观看比赛，都可以达到释放压力、宣泄不良情绪和愉悦身心的效果，这也是人们参与网球运动的主要目的，甚至有人将这些目的看得比强身健体更重要。网球运动为大众创建了相互尊重的和谐交际圈，构建起一个充满包容与友善的交往平台。

（三）运动氛围积极向上

网球运动不仅对运动员的心理素质进行考验，如面对胜负、质疑的心态，在困难面前是坚持还是放弃等，同时还对运动员的思维方式进行考验，并能培养运动员的良好思维，如在双打项目中，和找一名好的搭档相比，做一个好搭档显得更重要，只有双方都意识到要做一名好搭档，才能充分配合，相互尊重与鼓励，而不是在失败后一味地埋怨对手。所以说，对网球运动员来说，一个非常重要的内在提升路径就是要有强烈的责任感，要信任搭档，尊重队友和对手，要热情参赛并努力克服困难，正确面对比赛的结果，胜不骄，败不馁。这样的心态也有助于人们更好地面对生活中的每件事，提升对生活的满意度，并得到他人的认可。

在网球比赛过程中，要将动静结合的理念运用其中。每打一个球时，都要先确保身体重心是稳定的，稳扎稳打是打好球、完成击球动作的基础与前提，击球时要控制好力度，不能一味用强力击球。运动员切忌草率处理任何一个来球，要根据局势进行准确判断与预测，根据实际情况采取击球策略，选用击球技战术，努力争取主动权。运动员要耐心处理相持球，伺机争取主动，不要急于求成，冒失行动，否则会使对手突破相持球的僵局而掌握主动权。所以在网球比赛中要牢牢记住扎实进取，这个理念同样适用于日常生活。

比赛结果出来后，落败方要勇于面对这个现实，冷静分析与总结自己的问题，吸取教训，总结越全面、越彻底，下次就越能避免出现同样的问题，从这一点来看，失败并不是毫无价值可言的。获胜方往往难以掩饰胜利的喜悦，这很正常，也能理解，但同时要保持谦逊的态度，不能因此而认为"唯我独尊"或贬低对手，否则即使是胜利的一方，也难以得到观众的尊重与社会的认可。不仅网球运动员和其他网球运动参与者应该谨记这些内容，每个人都应该将这些哲学财富运用到自己的生活中，保持健康向上的生活态度。

第三节　网球文化的功能

一、有利于提高身体素质

网球运动属于"有氧"为主、"无氧"为辅的运动项目。单打和双打是网球运动的两种形式，因此自己可以决定运动量大小，想要运动强度大则可以选择单打，想要运动强度小则可以选择双打。长期参与网球运动，能够有效锻炼运动者的身体素质，具体表现在以下几点：第一，可以使运动者的心血管系统能力得到有效提升；第二，可以使运动者的灵敏素质、反应素质、速度素质、力量素质等得到有效提升，使运动者的肌肉更加发达、结实、健壮，骨骼更加粗壮坚固；第三，可以使运动者的关节更加灵活稳固，帮助运动者掌握更多的动作，使其不同种类的肌肉、关节发育得更加协调；第四，可以更好地锻炼运动者的运动器官，缩短人体反应时间，促使其四肢更加灵活与柔韧，促使人体更加健美；第五，对降低运动者血脂可以产生积极作用，有效避免运动者出现高血压、高血脂等疾病；第六，由于网球运动技术特性要求运动者必须动手、动脚、动脑，同时运动过程中球在空中飞行速度很快，所以运动者要认真观察来球方向、来球速度、来球落点等方面，进而在最短时间内作出判断，同时及时采取相应对策，快速移动步伐，在对击球位置和拍面角度进行调整的基础上进行挥拍击球。以上这些复杂变化，要求运动者在网球运动过程中思想集中、反应快、神经系统处在兴奋状态。由此可知，长期参与网球运动，不仅对运动者提升中枢神经系统反应能力有积极作用，也能有效强化运动者的协调性与灵敏性，提升运动者的反应速度。

二、有利于提高心理素质

长期参与网球运动的训练与比赛，能够有效锻炼运动者的心理调节能力以及处理负面情绪的能力；能为获得比赛胜利奠定良好基础，同时还能培养运动者的心理素质，增强运动者的人格魅力。例如，在网球比赛过程中，当出现连续失误时，运动者应当思考怎样让自己冷静下来，再次鼓起勇气与信心，激发出永不言弃的运动精神；当比分落后时，运动者应思考怎样沉着应战且不气馁；当比分领先时，运动者应思考如何一鼓作气获得比赛胜利；当比分处于胶着状态时，运动者必须保持进攻不手软的自信心。以上这些心理素质的形成，都能在网球运动比赛和网球运动训练中逐渐培养出来。

三、有利于增强人际关系

由于网球运动本身具有显著的独特性，所以其具备健身性与娱乐性。运动者因为热爱网球而相识、相知，它能够增加人与人之间的交流与合作，网球运动将人与人之间联系得更加紧密。网球运动没有限制运动者的年龄、性别等因素，运动者通过网球运动能够认识更多的网球爱好者。所以说，网球运动对增强人际关系具有积极影响。

四、有利于培养优秀品质

就众多体育运动来说，网球运动属于一项技术性极强的体育运动项目。对于刚刚学习的运动者来说，要想在很大的网球场内控制住球，难度相对较大，许多运动者刚开始参与网球运动，往往会出现无法碰到球或将球打飞的现象。然而，网球具备特殊魅力，其本质特性促使网球运动充满美与乐的享受，因此很多人会将网球运动作为健身运动项目。

网球运动作为学校体育教育的重要组成部分，其不但可以锻炼学生的身体素质，而且可以锻炼学生的意志品质。但在网球运动过程中，运动者要想充分掌握该项运动，则需全身心投入学习网球基本技术，主动向教练和其他运动者学习，并增加训练时间。

五、有利于人们塑身减肥

在社会经济快速发展和广大群众空闲时间不断增加的背景下，网球爱好者的人数持续增加，有许多中青年女性为减肥以及塑造体型，开始参与到网球运动中。在网球运动过程中，要求运动者在网球场上或快或慢地持续跑动，所以网球运动属于以有氧代谢供能为主的耐力性运动项目，脂肪是网球运动消耗的主要能源物质，这与慢跑比较相似。相关统计表明，通常情况下业余水平的网球爱好者在进行两小时网球运动后不会感觉太累。日本相关统计表明，普通女性脂肪量在25%～30%，女性网球运动员脂肪量约为15%。立足于该角度进行分析，网球运动可等价于跑步，但比跑步更具趣味性。

需要说明的是，网球运动者应当将运动量控制在适宜范围，并且坚持不懈，只有这样才能达到塑造体型的目的。网球运动对运动者的要求：第一，当运动者在网球场上活动时，要科学控制运动强度与运动量；第二，运动者要保持恰当的上场练习时间；第三，运动者要确定每周固定的练习次数，同时做到坚持不懈；第四，通常情况下坚持练习1～2个月，运动者体重会出现显著减轻，但在此之后减肥速度会相对缓慢，这时必须坚持练习，并且切莫加大运动量。

第四节　网球文化的礼仪

作为隔网对抗的竞技球类运动项目，网球运动比赛中的竞争异常激烈，但同时也有一种和谐的礼仪文化与竞技文化并存。网球运动的礼仪文化是建立在网球运动员、裁判、观众及其他参与者良好行为素养的基础上的，参与者的优良品质与道德素养是其形成良好行为素养的基础。现代社会各领域都存在着频繁而密切的交往，人际关系也因此变得繁杂，在这样的社会中必须讲究礼仪、重视礼仪、强调礼仪，这样社会个体之间或群体之间才能友好相处，社会交往才会更加规范，社会也会因为良好的礼仪而更加和谐美好。网球运动在引导社会行为规范、促进人际关系和谐方面发挥着非常重要的作用，这是由网球运动自身的独特性所决定。在高校网球文化教学中，网球礼仪文化也是一个不可忽视的重要教学内容，让学生懂得网球礼仪，并自觉遵守礼仪要求，能够规范与约束学生在网球学练中的言行，网球礼仪对学生的道德品质与遵纪守法意识也会有潜移默化的影响，最终能够促进学生道德素质和人格修养的提升。

下面分别分析网球健身锻炼、比赛和观赛的礼仪要求。

一、网球健身锻炼的礼仪

网球爱好者在参加网球健身锻炼活动的过程中，须自觉遵守以下礼仪要求。

第一，发球时举球示意，确定对手做好接球准备后再发球。如果在对手没有做好准备的情况下就发球，对手接球失败的可能性很大，这是不尊重对手的表现。

第二，当对手的来球向底线靠近时，应向对手告知这个球是界内球，还是界外球，或者是压线球。

第三，不可跨过和触压球网。

第四，若不小心击球出界，应主动向对手道歉，这是礼貌与绅士的表现。

第五，若无意将球打到邻场，先不要着急跑过去捡球，这不仅会影响到邻场练习者的发挥，还可能被他们的球砸伤。当邻场出现"死球"时再迅速将球捡回，如果是邻场的练习者或其他人帮忙捡球，要礼貌道谢。

二、参加网球比赛的礼仪

运动员在网球场上的言行举止都要讲究文明礼貌，这就是网球运动的礼仪文化内涵所在。下面从着装、赛中和赛后三方面来分析参加网球比赛的礼仪。

（一）着装礼仪

参加网球比赛，首先要了解着装方面的要求，具体有以下几点礼仪要求。

服装方面，女士的选择较多，有很多款式与颜色可选，搭配方法多样，但前提是对正常活动不会造成影响。女性的性感之美、着装艺术美也是网球欣赏的重要内容，着装之美与阳光向上的网球运动相生相长，相得益彰。男士要选择能够体现绅士风度的服装，重点考虑样式和颜色这两个因素，如样式素净，上衣有翻领，颜色不能太多等，要给观众留下稳重、阳光的印象，切忌赤膊上阵，这会影响视觉之美，与高雅的网球运动不符。

网球鞋方面，不能穿钉鞋、皮鞋等硬底鞋，否则就会被认为是不尊重和不重视比赛的行为，也会造成比赛气氛的不和谐。穿硬底鞋最直接的影响就是损坏场地设施，影响场地的使用寿命，而且也会给人造成不好的视觉体验。

（二）赛中礼仪

第一，准时到达比赛现场，赛前密切配合练习。

第二，比赛正式开始后，发球方在发球前先举球示意，示意后再发球，目的是让对手准备好接球。

第三，当对手打出高质量的回球时，不要嫉妒对手，而要乐观祝贺，为他鼓掌，将自己的绅士气度展现出来。而且比赛中遇到高水平的对手是很难得的机会，这样可以激发自己的斗志，无限发挥自己的竞技能力与潜力，并借此机会向优秀的对手学习，提升自己的技术能力。对优秀的网球运动员而言，在比赛中遇到水平低的选手时，即使可以轻松赢球，也不会感到高兴，因为这样的比赛不会给其带来美好的体验，会让其觉得不尽兴。而如果对手与自己实力相当或比自己水平还高，那么对比赛双方来说，这场比赛无疑是一种享受。观众也喜欢看这样的比赛，而不是实力悬殊选手之间的比赛。

第四，当对手发挥不稳定，且总是出现失误时，不要因此而低看对手，藐视对手是不礼貌、不道德的，对手会因为藐视而失落或愤怒，从而影响比赛发挥。遇到频频失误的对手时，正确的做法是发挥绅士风度，多多鼓励对手。有的网球选手性格内向、腼腆，对他们而言，很难做到主动鼓励失误的对手和赞扬发挥好的对手，但这是展现自己宽阔胸襟的机会，要试着去做，只有尊重对手，才能赢得对手的尊重，而且这也能激励自己发挥得更好。

第五，对每一分都要认真对待，当自己处于落后状态时，不能泄气与抱怨，要及时发现自己的问题，从容应对，争取追赶对手。

第六，在比赛中有些得分是运气分，如果靠运气得分，则应举手示意致歉。

第七，如果是自己的原因导致对手的击球节奏被打乱，使对手出现失误，则要举手致歉，让对手知道自己不是故意而为之。

第八，比赛中如需系鞋带、换球拍或感到不适等，先向裁判请示，不可故意拖延时间，影响对手的发挥和比赛的顺利进行。

第九，如果认为裁判的判决不公平，要礼貌质疑，不能骂裁判或对裁判做出不礼貌的行为。

（三）赛后礼仪

网球运动员不仅要在比赛中遵守上述礼仪规范，比赛结束后同样也要遵守一些礼仪要求，具体如下。

第一，比赛结束后要走到网前和对手握手，并祝贺或勉励对手，这是基本礼仪。握手时手在小臂上方，目视对手，这样的握手姿势能够传达选手之间相互尊重和勉励的含义。

第二，如果对手获胜，自己难免会失落，但还是要暂时控制情绪，落落大方地祝贺对手；如果对手落败，也要暂时控制激动和喜悦之情，要表现得谦虚一些，安慰和鼓励对手。因为没有哪个运动员能保证自己永远会胜利。

第三，除了运动员之间要相互握手，运动员还应与裁判握手，以感谢裁判的付出。

第四，获胜运动员在退场时不要大肆向观众炫耀，以免影响对手的心情。

三、观赏网球比赛的礼仪

在网球比赛中，运动员能否集中注意力，能否全神贯注地参加比赛，一方面与其自身因素有关；另一方面也与比赛环境有关，而观众就是比赛环境的一个重要因素，如果因比赛环境不佳而干扰到运动员，运动员就很难正常发挥，容易出现失误，可能造成最后的失败。因此，观众要严格规范自己的观赛行为，不要对场上运动员造成干扰。在国际大型网球比赛中，观众席上的观众来自世界各地，此时观众代表的就是自己国家的形象，他们在观看比赛过程中的言行举止都会被打上国家形象的标签，因此观众要注意自己的一言一行，要给其他国家的观众留下好印象，要展现本国国民的良好素质。

观众观赛的礼仪要求具体有以下几点。

第一，在比赛开始前到场入座，将随身携带的手机或其他电子产品设置为静音，不要发出很大的响声，以免对场上运动员的发挥造成影响。

第二，比赛中不要随随便便在看台上走动，以免对场上运动员的专注度造成影响，有时观众随意走动会严重影响运动员的发挥，有的运动员要等观众不再走动后再继续参赛，而如果一直都有不自觉的观众，那么比赛将无法顺利进行，比赛时间将会不断延长。

第三，观众不要大声喧哗和嬉笑打闹，可以在分与分之间的间歇加油叫好，但不要对下一分的比赛造成影响。

第四，观众不能开闪光灯拍照，而且要确保拍照行为对场上运动员的正常发挥没有影响。

第五，在场上运动员交换场地时，观众可以站起来活动。

第五节 网球文化与大学生的身心发展

网球运动是一项有着十分深厚文化内涵的运动项目，不论是从运动的角度还是休闲的角度、从生理的角度或者是心理的角度、从养生的角度或者是营养的角度，网球都是一项十分理想的运动，其集趣味性、知识性、应用性和可持续性于一身，广泛地适应于广大群众对于体育运动的需要。近年来随着网球运动流行程度的提高，形成了一种独特的网球文化氛围，也成了当代人运动生活中的一个重要组成部分。例如，目前已经有很多人将观看国际网球比赛当成是休闲度假的主要内容，作为时代最前沿的当代大学生，网球文化对于高校学生的影响也是极为深刻的。随着网球运动的飞速发展和普及，网球文化也正在悄悄地走进高校，影响着高校体育教育，改变着大学生的性格，也改变着大学生的生活。

一、培养大学生优秀的心理素质

网球是一项竞技性极强的运动，要想在网球的竞技中取得优秀的成绩，单单具有纯熟的技术、过硬的技巧和战术是远远不够的，心理的成熟程度也是决定比赛结果的一个很重要的因素。这个心理因素包括学习的虚心程度、关键时刻的掌控能力以及尊重对手、重视过程的优秀品质。

在日常的网球教学中，我们不仅仅要培养学生优秀的技术和技巧，还要通过网球这种特殊的运动对学生的心理素质加以培养，让学生在日后的生活和学习之中都能有一个良好的心理素质。首先，培养学生虚心学习的态度，"尺有所短，寸有所长"[①]，每一个网球运动者不论其多优秀，其身上也有不足之处，一个网球运动者即便是再差劲，其身上也有过人之处，因此我们在教学过程中要教会学生善于发现他人的优点和自身的不足，时常做一些自我总结和虚心观摩一些别人的比赛，在对比之中找出别人值得学习的地方和自身在比赛中所存在的不足；其次，我们要在教学过程中培养学生的心理承受能力，培养学生关键时刻的把控能力，人生如赛场，机会和机遇稍纵即逝，机会和机遇的掌控能力在很大程度上决定着比赛的结果和人生的起伏。在教学过程中，我们要教会学生在状态好的时候要控制住情绪，避免技术动作走形及战术的失准；在状态不好或者是打得不顺手的情况下不要轻易放弃，要学会及时的调整和总结，在改变中做好下一步的打算。另外，学生的心理承受能力也是决定比赛结果的很重要的因素之一，其在比赛不是很顺利的情况下作用更为明显，这个时候学生的心理承受能力就极为关键，在人生的赛场上也同样如此，正所谓"不如意事常八九，可与人言无二三"[②]，不如意的事常伴身边，突如其来的打击也总是会时有发生，没有一定的心理承受能力，这对于人生的奋斗和成长是极为不利的。因此，作为大学教育工作者，我们要从小的方面着眼，培养学生优秀的心理承受能力和意志品质。

除此之外，在网球比赛中或者是日常的训练中，虚心都是极为关键的，一个人的能力是有限的，所能达到的高度也是有限的，这就要求每一个人都要虚心地去学习别人的长处和优点，及时发现和改正自己的缺点和不足，这样的品质不论是在学校之中还是在学生未来的人生赛场上都是非常有用的，因此我们要在教会学生网球的技术和技巧的同时，培养学生优秀的体育精神。

二、培养大学生的团队合作精神和能力

正如前文所说，一个人所能达到的高度是有限的，除了不断地加强

---

① 屈原：《楚辞·卜居》，天津人民出版社2000年版，第171页。
② 方岳：《诗词典名句经典·别子才司令》，山东教育出版社1988年版，第158页。

自我的学习和提高之外，团队的作用也极为重要。而当代的大学生绝大多数都是独生子女，他们不懂得与他人分享自己的成功和失意，更不懂得如何与他人合作去获得成功，但是当代社会已经没有任何一个行业和角落能够允许依靠个人力量去获得成功，团队精神已经成为当代无论是创业还是工作的重要素质，在大学的网球教学中，我们虽然不能够完全地将学生的团队能力培养出来，但是我们能够通过网球的教学，将学生的团队意识和团队精神培养起来，让学生知道如何去配合自己的队友，如何去利用别人的长处来弥补自身的短处。在日常的网球教学训练中，双打这个项目是必然会有所涉及的，在双打比赛中，不是每个人的技术过硬就能够取得比赛胜利，两个人的合作程度是十分关键的因素。因此，在日常教学中，我们要培养每一个学生的团队精神和团队合作能力，只有精诚合作才能取得比赛的胜利。

三、培养大学生的自信心

自信是当代学生极为缺乏的一种品质，当代的大学生普遍存在着一种骄傲和娇气的情绪，这不是自信，而是一种自负，自负的情绪是十分要不得的，无论是在学校的学习中还是在日后的生活和工作之中。目前，我国高校毕业生普遍存在着一种眼高手低的情况，就业情况也不是很理想，这与学生的不自信、过于自负有一定的关系。学生普遍认为工作待遇低、起点低，不利于自身的发展，这其实都是一种不自信的表现，而同时又嫌弃一些工作发展前景有限，工资待遇不理想，这些都是过分自负的一种表现，以上都是我们大学教育工作者要去改变的学生的心理状态。在大学网球的教学中，我们可以通过网球技术和技巧的传授培养学生的自信心，打消学生自负的不良情绪，让学生能够在学习和今后的生活和工作之中正确地认识自己，有一个良好的心理素质，为学生今后的成功奠定一个坚实的基础。

总而言之，在我国高校的体育教学中，尤其是在网球的教学中，网球文化已经成为一股势不可挡的潮流席卷整个大学校园，而在这种文化氛围之中，我们要加以充分利用，让这种文化氛围成为培养学生优秀的心理素质的有力武器，让学生通过在大学中的网球学习来为自己今后的生活和工作打下成功的基础。

第二章　高校网球文化的价值与内容

高校竞技网球运动的发展对提高高校网球运动水平、培养网球运动员、扩大网球运动的影响力、推动高校网球文化建设等具有重要意义。因此，在高校网球文化建设中，要特别重视竞技网球文化建设，具体从建设校运动队、合理组织与编排网球赛事、大力开展大学生网球联赛等几方面开展工作。本章就主要从这几方面来详细研究高校竞技网球运动文化的建设思路。

第一节 网球文化在高校网球教学中的价值分析

高校网球文化的价值是丰富多元的，具体表现在健身、娱乐休闲、商业等几个方面，下面逐一进行分析。

一、高校网球文化的健身价值

（一）强化体质

所有体育运动与运动营养学、运动生理学、运动心理学一脉相通，网球运动也不例外。对于网球爱好者来说，最初接触网球无非是可以强身健体。网球属于综合性运动，长期训练可以使机体多处肌肉得以增强，提高机体的柔韧性与灵敏性；调节心肺功能，促进血液循环的加速，刺激脑神经，有助于大脑思维的运转；促进机体免疫系统的增强，实现增强体质、健全身心的目标。网球运动能按照选手所要求的负荷量大小作出相应的调整，而长时间坚持网球训练，能增大肺活量，改善心脏泵血功能，使机体的肌肉、骨骼、心肌得到综合的锻炼。网球运动不仅可以强化大学生机体的整体素质，还可以加强其耐力素质、力量素质、反应素质，通常进行 30 分钟以上的网球锻炼就有减脂、降压的功能。大学生在持续移动中，处理好各种来球，能够培养其临危不乱的素质。综上，网球运动可以全面综合地发展大学生机体的各项机能与素质，帮助其实现身心健康发展。

（二）缓解心理压力

当今社会生产力与科技水平高速发展，人们已进入一种快节奏、竞争激烈的生活方式，许多年轻人易焦虑、暴躁，压力极大。而这类群体若经常参加网球运动可缓解这种社会压力，因为网球运动不限制时间，当比赛达到平局之后，一方须领先另一方 2 分后，才可获胜。当遇见实力不相上下的对手时，通常要经过若干个小时的比拼，才能决出高下，如此高强度、长时间的对抗，使选手可以尽情地将情绪宣泄在球场上。对于大学生来说，经常参加网球运动能将平时在学习中的不满通通发泄到网球运动中，而在他们淋漓尽致地打完球之后，心情会变得舒服很多，从而以崭新的面貌再次投入学习当中。

（三）培养顽强意志

网球比赛比的是双方的技战术、体能及智力，在宽广的场地中，奔波于每一分球，如发球、接发球、相持球等，若碰到水平不相上下的对手，需经过若干个小时的实力比拼才可分出输赢。再者，打网球通常是在户外，在忍受强烈太阳照射的情况下大幅度奔跑，耗费大量体力，而要想取得最终的胜利，要有毅力，并且意志要顽强，寻找对手弱势，发挥出自身的优点，最终击败对手。实际上，在大负荷的网球运动刺激下，可激励一个人的潜在能力，增强意志品质。频繁进行网球运动可使大学生达到"强身子，强意志"的功效。

二、高校网球文化的娱乐与休闲价值属性

（一）增强人际交往

俗话说，"请人吃饭不如请人流汗"。毋庸置疑，运动场已变成人们娱乐与放松的场所，当然，网球场更是受人喜爱。诸多例证说明，网球已成为现代人选择闲暇运动时的一项主要项目，如今人们不只是利用网球运动去强身健体，他们更会借助这个平台接触好友，或者商谈生意。看网球的规则便知晓，网球是一项尊重与崇尚"公平"的体育运动，因而，对手或搭档无论是自己的领导或利益对象，都可以经由网球运动使相互间的关系慢慢紧密，获取认同感，增进友谊。相关研究表明，很多网球参与者都具有相对较高的素养与学识，可以说，大学生进入网球圈子后，便有机会与各行各业的精英人士接触，积攒与发展自己的人脉关系，为日后的事业开创一片明朗的天地。方方面面来看，网球的确能够帮助人结识好友、增加交谈、稳固友情，这些优势在大学生身上被展现得特别突出。现在的大学生大多数是以俱乐部形式加入网球运动，除了强身健体、休闲娱乐，他们更想去接触一些不同领域的精英、积攒一些人脉。由于大学生即将踏入社会，工作问题与经济问题负担较重，若进入网球圈子，打开人脉，便有助于他们更好地解决工作问题。因此，网球运动的人际社会关系属于网球社会功能的一个重要分支，易于发展人际社交，助力大学生今后事业的顺利发展。

（二）助于高雅行为

网球运动是一项集力量美、艺术美、形体美、服饰美和环境美于一

身的体育项目，即把竞争性、文化性、观赏性和参与性有机结合在一起的极具魅力的体育项目。它是美学文化的体现，它离艺术并不遥远，它高贵优雅，有着遮挡不住的魅力。网球运动具有古典美，有人把网球运动赞誉为"运动芭蕾"，当观众看到网球运动员在网球场上奔跑时就仿佛在感受着芭蕾舞演员一样轻盈优美的舞步。网球运动还具有现代美。世界网坛女子选手的服饰引领运动美学的新潮流。大学生观赏一场精彩的网球比赛，心中能够涌动网球这种无与伦比的美感，即便是参与比赛，也能够提升自身的审美能力。

三、高校网球文化的市场与商业价值属性

我国的各项事业都是在社会主义市场经济体制这个大背景下进行的，高校网球运动也不例外。高校网球运动的迅速普及发展，让商家看到了新的无限商机。很多企业都希望通过网球赛事，打造强势企业品牌，做好网球经济。由于网球运动在我国高校开展的时间较短，网球产品的消费空间也处于上升的阶段，其经济利益的发展空间很大。可以说，作为一项"朝阳产业"，其能够有效推动经济的发展。随着竞技网球中我国运动员屡创佳绩，作为一项休闲运动产业，高校网球的市场潜力、发展速度等方面都优于大多数的体育项目。通过赛事这一载体进行充分表达和体现，高校网球事业能收到好的效果。除此以外，网球运动能够增强大学生的体质，同时提高其社会生产力，对于大学生的身心都有较大的积极影响，从这个角度来说，网球本身对于社会经济的发展就有较强的推动能力。

第二节　高校网球队伍组织建设

一、高校网球运动队建设现状分析

（一）高校网球队运动员现状

1. 运动员生源

高校网球队运动员的生源质量在很大程度上影响着运动队的发展与成绩。运动队中没有体工队的现役运动员和专业队的退役运动员，大部

分都曾经是普通高中的学生，少数来自网球学校。网球队招生渠道单一，招生标准不够完善。

2. 运动等级

运动员的运动技能水平可通过运动等级来衡量。大部分的运动员没有等级，国家一、二级运动员和国家健将及以上等级的运动员占很小的比例。运动员训练年限短是造成运动员整体等级水平低的主要原因。

3. 训练意愿

运动员的训练意愿与态度直接影响训练效果。大部分运动员日常训练持主动态度（愿意），少部分运动员持被动态度（不太愿意和不愿意）。虽然大部分运动员的训练态度还是端正的，但也要照顾少数运动员的情绪，了解他们不愿意训练的原因，进行针对性处理。

（二）高校网球队教练员现状

网球队的主要组织者与领导者是教练员，这一角色发挥的作用无可替代，其业务能力对球队的成绩与发展有直接的影响，甚至是决定性影响。要推进网球队稳步发展，就必须建设一支高度敬业、专项水平高、业务能力强、综合素质好的教练员队伍。下面对网球队教练员的研究结果进行分析。

1. 性别与年龄

网球队教练员以男性为主，男女比例严重不平衡。

关于教练员年龄段有 30 岁以下、31～39 岁之间、40～49 岁三个年龄段，总体来说年龄结构比较合理，但年轻有活力的教练员相对有些少。

2. 教练等级和裁判等级

高校网球队中严重缺乏高级别的教练员，这直接影响了网球队的发展。

熟练掌握和运用网球裁判知识也是网球教练员应具备的基本素质，但目前我国高校拥有国家级、国家一级和国家二级裁判员等级资格的教练员占比不高。

高校网球教练员参加的网球裁判培训大都是地方上的培训，而且裁判经验也大部分是在本地网球比赛中积累下来的，参加全国性培训和在全国性网球比赛中担任裁判员的机会较少。这直接影响了网球教练员裁判素养的提升。

3. 培训和科研

网球教练员的理论知识水平与业务能力与其参加岗位培训及科研活动有直接的关系。现代网球运动水平的不断提高对教练员的理论素养、技能水平及科研能力都提出了较高的要求。因此，教练员要主动参加专业培训，投身科研活动，不断学习、进步，不断提高与完善自我，从而更好地适应现代网球运动的发展，带领运动队取得更好的成绩。

目前，高校网球教练员参加网球培训或交流活动的现状不理想，一年中参加的培训次数很少，甚至一年一次培训都不参加的教练员也有很多。主要原因是网球培训和学习交流相关活动少，而且教练员肩负教学与训练双重重任，没有时间参加。

教练员平均每年发表的论文也较少，甚至还有许多没有发表论文的教练员，可见目前许多教练员对科研不够重视。

（三）高校网球队训练、参赛及管理现状

1. 训练现状

网球运动训练是一个长期系统的过程，要循序渐进地训练，长期的科学训练是提升运动员技战术水平的重要保证。

当前，网球队的训练次数和时间基本能够使网球运动员参加训练的需要得到满足，但日常训练在高校网球队中还是不够受重视，训练的连续性与系统性得不到保证。而临近比赛时，教练员会突然增加训练次数与训练时间，训练负荷也随之大幅提升，导致运动员身心难以适应，这容易造成运动员身体受伤或心理负担加重，从而影响训练效果和比赛成绩。

2. 比赛现状

网球队的日常训练效果要通过比赛来检验，教练员带队比赛，能够更清楚地了解运动员的技战术水平与临场能力，发现运动员的问题与不足，同时也能反省自己制订的训练计划存在哪些问题，知道如何调整训练计划，如何进行更有效的训练等。

高校网球队参赛次数较少，而且参加的比赛大都是大学生网球联赛的地方分区赛，很少参加交流赛、友谊赛等形式丰富的网球比赛。这使得运动员的技战术能力无法通过多种多样的网球比赛得到充分检验，也少有机会在高水平网球比赛中尽情展现自己的风采，运动员缺少实战锻

炼机会，无法积累丰富的比赛经验，这严重打击了运动员日常训练的积极性，制约了整个运动队的发展。

3. 管理现状

高校网球队建设与发展中，网球队管理是一项非常重要的内容，只有加强管理、科学管理，才能促进运动队训练或比赛的有序进行，提高训练水平和比赛成绩。运动队管理包括很多内容，如运动员、教练员等人力管理、经费管理、场地设施管理、训练管理、比赛管理及日常生活管理等。只有全面抓好各项管理，才能从整体上推动网球运动队规范运行及持续发展，但当前我国有关部门对高校网球运动队的管理缺乏足够的重视，管理机制尚未健全。各校的网球队都是学校自己独立组建，运动员以在校大学生为主，学校对运动员和非运动员的学习与生活统一安排和管理，教练员负责管理运动队的训练和比赛，学校从政策方面对网球队的支持力度较弱，在球队管理上，教务处、学生处等职能部门缺乏协助。这种管理现状存在很大的弊端，主要表现为出现学训矛盾与冲突后，发挥主要协调作用的是教练员，有时协调的结果就是运动员放弃训练，这直接影响了网球队的水平与成绩。

高校网球运动队的直接管理者是教练员，同时教练员也是被管理的对象，受高校相关职能部门的管理与监督，有关部门对教练员的管理直接影响网球队的发展。职能部门也要对运动员进行适当的管理，要对网球队的训练情况与比赛成绩有一定的了解，不能将全部管理工作都交给教练员一个人，要给教练员留出时间与空间来不断提升自己，从而带领网球队取得更好的成绩。

二、促进高校网球运动队发展的对策

（一）科学训练，提高运动员的网球竞技水平

高校网球队训练方法的科学性直接关系到训练效果与训练水平，只有科学训练，才能取得良好的训练效果，提高训练水平和质量，甚至会事半功倍。这就要求对适合网球队真实特点的训练体系进行构建，结合网球队的客观实际安排训练内容与方法，在训练中及时了解运动员的真实水平和困境，对网球队的发展趋势给予密切关注，注重教育指导，并对运动员训练的主观能动性进行激发。

在网球队训练中，要将体能、心理及技战术训练有机结合，打好体能和心理基础，以便更好地提升技能。要通过科学训练提高运动员的网球竞技水平，需要从以下几方面着手。

首先，合理安排训练时间和密度，循序渐进的训练，以免给运动员造成太大的压力与过重的负担。

其次，增加运动强度的同时对训练质量给予高度关注，否则运动强度的增加是没有意义的。为保证以适宜的训练强度取得良好的训练效果，教练员在训练中必须严格要求运动员，避免运动员盲目加大运动量而得不偿失。

第三，注重训练的持续性，寒暑假时间也不能停止训练，这样才能使运动员的技能水平不断提高并保持良好状态。如果训练中断太久，运动员需要很长的时间才能恢复原来的水平，这会直接影响训练进度与比赛成绩。

第四，通过参加比赛来验证日常训练成果，提高运动员的训练积极性和实战能力。

（二）提升网球队训练的科技含量

传统训练理念与模式有些保守和呆板，主要通过对运动员生物潜能的不断挖掘来提高成绩，这会给运动员造成很大的压力，而且效果也不理想。为进一步提高运动员的训练水平，应在训练中树立正确的"育人"理念，发挥教育在运动员培养中的作用，并用"智能"替代"体能"，提升训练方法的科技含量，进而促进训练效果的改善。

大学生网球运动员的技能水平及提升速度受其自身文化素质的影响。提升运动员的文化素质，对进一步挖掘其潜能，促进其潜能的发挥有重要作用，运动员体能上的不足可通过开发智能得到一定的弥补。从智能角度增加训练的科技含量，还能促进运动员的全面发展，能有效提高运动队的综合素质。

（三）优化教练员队伍，提高教练员的工作积极性

目前，我国高校教练员很少外出参加培训与学习交流活动，一方面是活动本身就少，没有机会参加；另一方面是教练员没有时间或主观上不愿意参加。对此，有关部门应将教练员培训与管理充分重视起来，为教练员多提供一些培训与学习交流机会，鼓励教练员参加有价值的培训

活动，促进教练员知识的更新与完善，同时也能利用这个机会对有潜力的教练员人才进行挖掘与培养，扩大教练员队伍，优化教练员结构，提升教练员队伍的整体水平。高校应给教练员提供一些去专业网球队进修的机会，开阔其视野，使其在专业化学习的基础上掌握更多科学先进的训练方法。

此外，高校应加强对教练员队伍的科学管理，制定合理的奖惩机制。根据教练员的综合素质、执训情况和带队参赛取得的成绩对其进行适当的奖励与惩罚，这有助于将教练员工作的积极性充分调动起来，也能激励教练员不断提升自己。

第三节 高校大学生网球竞赛的展开

一、高校网球竞赛组织机构的主要工作

高校开展网球竞赛，主要是为了对大学生运动员的训练成果进行检验，为大学生运动员之间的技术交流提供平台，对优秀的网球运动员进行培养，推动高校网球运动的发展。高校应紧紧围绕这些目标来组织网球竞赛，开展相关工作。竞赛委员会是举办网球竞赛活动的组织机构，成立这一机构是为了确保网球比赛顺利进行。

高校网球竞赛组织机构的主要工作包括以下几方面。

（一）制定规程

网球赛规程是非常重要的指导性文件，对指导网球比赛的顺利进行具有重要意义。若竞赛规程已由大会组委会制定并颁发，则竞赛委员会对此要严格执行。若竞赛规程是由竞赛委员会自行制定，则要注意规程内容的全面性，具体包括比赛名称、报名方法及截止日期、参赛者报名资格、比赛起止日间、比赛地点、比赛内容、比赛方法、比赛规则、录取名次与奖励办法、裁判人员要求、抽签时间与地点及其他特殊规定等。

（二）编印报名表、秩序册、成绩册和成绩公报

1. 报名表

报名表格式及内容如下，一式两份，分别上报主管部门和提交承办

单位。报名表的填写应清晰、准确无误,填写不规范者,按无效报名处理(见表2-1)。

报名截止后,如参赛人员名单有变动,须在抽签前向承办单位申请修改,抽签后不得更改报名表。

表 2-1　网球比赛报名表

姓名	性别	民族	出生日期	学校	参赛项目				前一年同一比赛名次
					单	双	混双	团体	

2. 秩序册

在赛前编印秩序册,内容包括竞赛规程、大会日程、各部门人员名单、裁判人员名单、各运动队名单及比赛秩序表(若现场抽签,比赛开始前发给各参赛队)。

3. 成绩册

①成绩册在比赛结束时编印,发给有关单位和各运动队。

②成绩册包括比赛中产生的所有成绩。

③以竞赛规程为参考排出成绩顺序。

4. 成绩公报

①对成绩公告栏进行设立,对每天的比赛成绩都要进行公告。

②对成绩公告表进行编印,发给有关单位和各运动队。

③公布的成绩应包含局数、比分等比赛结果信息。

（三）总结

比赛结束后，主办单位写比赛总结，内容包括比赛地点与起止时间、参赛单位与人数、比赛场次、经费支出、比赛中出现的问题及处理结果、经验与意见及其他内容等，将比赛总结按时上报主管部门。

二、高校网球竞赛组织方法

高校网球竞赛的常见组织方法有以下几种。

（一）淘汰竞赛方法

在参赛人员比较多、比赛时间有限的情况下，为节约时间，可采用淘汰法，包括两种形式，一种是单淘汰，一种是双淘汰。不足的是，这种组织方法只能为参赛人员提供较少的比赛机会，运动员的真实水平很难充分体现出来。

（二）循环竞赛方法

参赛队相互之间都展开比赛的方法就是循环法，包括两种形式：一种是单循环，比赛中相遇一次；还有一种是双循环，比赛中相遇两次。用该方法组织比赛，能够使参赛队充分展现出自己的真实水平来，但耗时较长。

（三）顺序竞赛方法

参赛者按一定的先后顺序，表现其时间快慢、重量轻重、距离远近、分组多少等的竞赛方法就是顺序法，具体包括螺旋式、蛇形等多种排列分组方式。

（四）轮换竞赛方法

对参赛者进行分组，在同一时间进行各项目的比赛，一个项目的比赛结束后，各组依次轮换再进行其他项目比赛，这种组织方法就是轮换法。

（五）混合竞赛方法

将上述组织方法结合起来运用到比赛中的方法就是混合法。如采用分组循环的方法组织比赛，再安排同名次选手进行决赛或交叉决赛等，这种组织方法既节省时间，又能避免场地的影响，同时可以使参赛队展现自己的真实水平。

以上竞赛组织方法中，淘汰法、循环法及混合法的运用比较多，高校网球比赛中具体采用哪种组织方法，要依据比赛规模、时间安排、场地情况及其他客观实际而定。

三、高校网球竞赛编排方法

下面主要分析单淘法赛与单循环赛的编排方法。

（一）单淘法赛编排方法

1. 比赛轮数的计算

号码位置数是最接近参赛人数且较大的 2 的乘方数，轮数就是 2 的指数，如参赛者 27 人，号码位置数是 2 的五次方，轮数是 5。

2. 比赛场数的计算

场数计算公式：

场数 = 参赛队（人）数 –1

例如，参赛队（人）数是 8，比赛场数就是 7。若队数或人数是 2 的乘方数，如 2、4、8、16 等，采取累进的淘法制方法安排比赛（见图 2–1）。

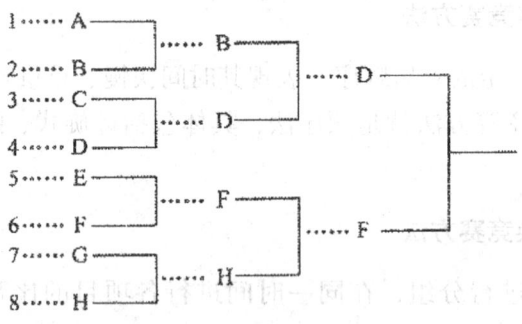

图 2–1　比赛场数

3. 计算轮空数

若参赛人数是 2 的乘方数，则第一轮都有比赛，如果不是 2 的乘方数，则第一轮有"轮空"，使参赛者在第二轮中形成"满档"，即 2 的乘方数，这样才能循序渐进地进行比赛。

轮空数计算公式：

轮空数 = 号码位置数 − 参赛人数

例如，参赛者27人，按比赛轮数的计算方法，号码位置数就是32个，则轮空数就是5，第一轮有5个号码轮空，与这5个号码相遇的参赛者直接进入第二轮比赛，他们和第一轮比赛中的胜出者形成2的乘方数16。32个位置的抽签表，用于27人参赛时的抽签见图2-2。

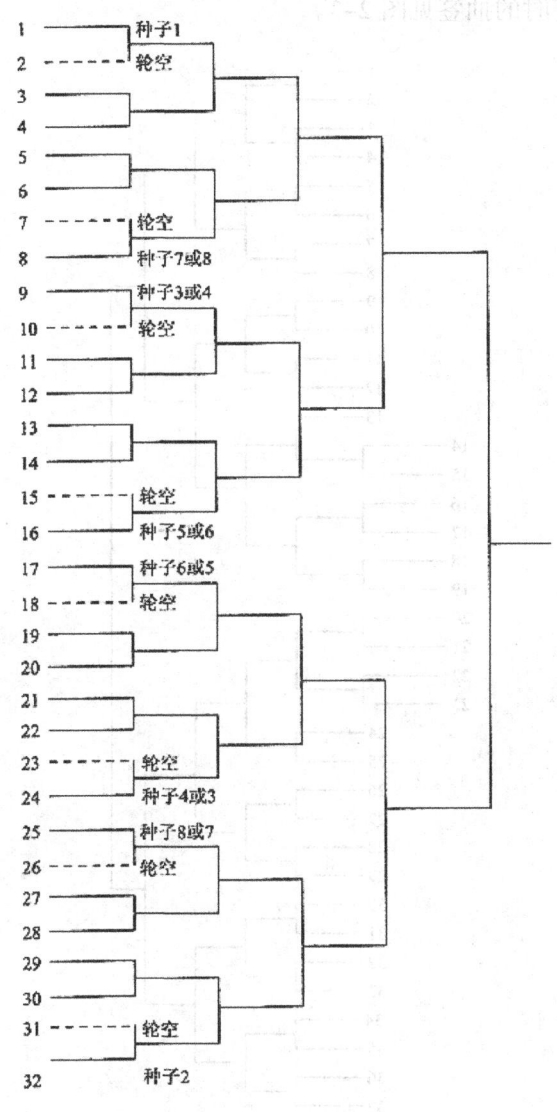

图2-2 计算轮空数

4. 安排抢号（预选赛）

参赛人数若稍多于偶数档时，如37人，则从32号位表"增加"比从64号位表"减少"更简便。具体可从上半区最底的位置开始，将原来的几个位置各分为成双的两个位置（2名运动员），直到能够使所有运动员都填入。若要列入图表的额外比赛数是奇数，上半部应为奇数（上单下双）。一般在正式比赛之前安排抢号（预选赛），32个位置的抽签表，用于37人参赛时的抽签见图2-3。

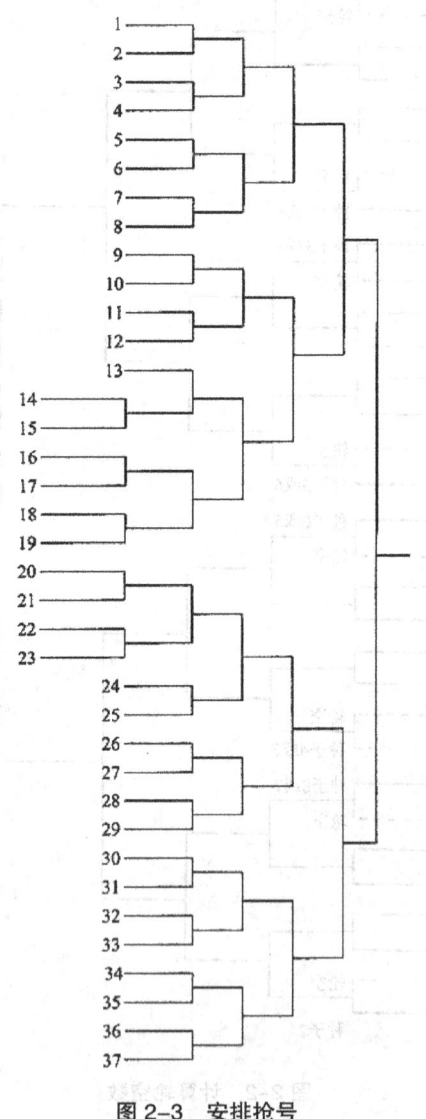

图2-3 安排抢号

5. 单淘汰附加赛

单淘法赛只能决出第一、二名，要继续组织附加赛才能决出其他名次顺序，即胜者之间比赛和负者之间比赛。如参赛者为 8 个队（人），比赛安排如下，可排出所有名次顺序（见图 2-4）。

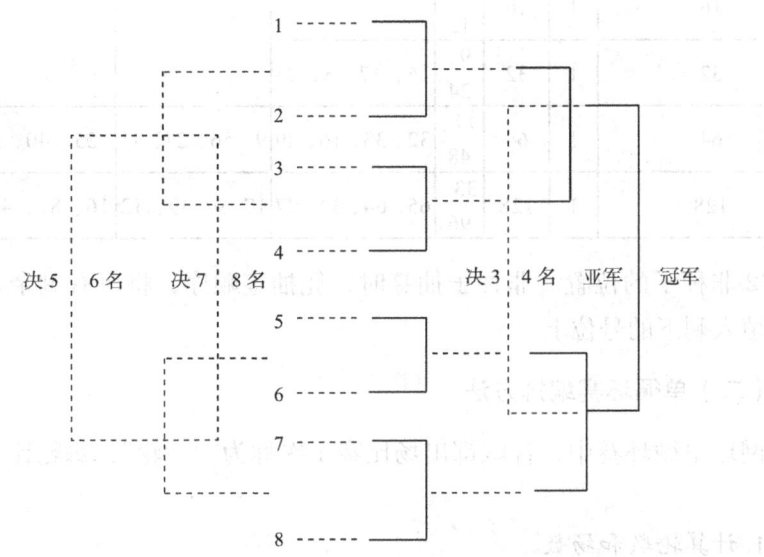

图 2-4　单淘汰附加赛

6. 选手的确定及位置

①种子选手的确定。网球比赛中，每 4～8 人有 1 个种子，但不管参赛人数有多少，最多也只能有 16 个种子。双打比赛中，如果不是原配对，就不能成为种子，除非有其他相关规定（见表 2-2）。

用抽签的方式决定参赛者的位置，1 号种子和 2 号种子除外，他们分别在最上端位置和最下端位置，若经过抽签后，3 号种子的位置在上半区（或下半区），则 4 号种子在下半区（或上半区）。其余种子同样确定位置（见表 2-3）。

表 2-2　种子选手的设定

项目	单打				
号位	8	16	32	64	128
设种子数	2	4	8	16	16

表 2-3　种子选手的位置安排（128 号位，16 名种子）

号位数 种子序号	1	2	3、4	5、6、7、8	9、10、11、12	13、14、15、16
8	1	8				
16	1	16	5、12			
32	1	32	9、24	16、17、8、25		
64	1	64	17、48	32、33、16、49	9、56、24、41	25、40、8、57
128	1	128	33、96	65、64、32、97	17、80、49、112	16、81、48、113

②非种子的位置。非种子抽签时，凭抽签顺序，将所有剩余选手的姓名填入剩下的号位上。

（二）单循环赛编排方法

网球单循环赛中，各队都出场比赛 1 次称为"一轮"，每轮比赛场数相同。

1. 计算轮数和场数

对比赛轮数与场数进行计算，能够对比赛时间进行估算，并合理安排相应的裁判人员及其他工作人员。

轮数计算方法分以下两种情况。

第一，参赛队（人）数是奇数时，轮数和队（人）数相同。

第二，参赛队（人）数是偶数时，轮数＝队（人）数 −1。

比赛场数计算公式：

比赛场数＝队数或人数 ×（队数或人数 −1）/ 比赛场数

2. 比赛顺序的确定

通常用逆时针轮换法来编排比赛顺序，具体操作如下。

1 号固定不动，第一轮次序的安排是依次写出参赛人数的前一半号码，排在左侧，从下向上依次写出后一半号码，排在右侧，用横线连接。第二轮次序安排方法是 1 号位置固定不动，其他号码逆时针轮换一个位置，即可排出比赛顺序。第三轮次序的安排是在第二轮次序位置的基础上逆时针轮换一次，其他各轮的比赛顺序以此类推。

例如，参赛的有 6 个队（人），比赛顺序如下（见表 2-4）。

表2-4　6队（人）参赛的顺序安排

轮数	第一轮	第二轮	第三轮	第四轮	第五轮
号位	1—6	1—5	1—4	1—3	1—2
	2—5	6—4	5—3	4—2	3—6
	3—4	2—3	6—2	5—6	4—5

3.名次的决定

如团体赛，采用三场两胜制，每场三盘两胜制。单循环赛按获胜场次数排出名次，如积分相同，按净胜盘数决定名次；若净胜盘数还相同，按净胜局数决定名次；净胜局数相同的情况下，按净胜分数排出名次。

四、高校网球竞赛用表

（一）网球比赛秩序表

完成抽签任务后，要对每天的比赛场次、时间等进行详细安排。对比赛秩序表进行设计时，原则是先单打后双打，而且要对参赛选手的负担量进行充分考虑（见表2-5）。

表2-5　网球比赛秩序表

时间___年___月___日　　地点_____裁判长_____

场次 \ 场地	1号场地	2号场地	3号场地	4号场地	5号场地	6号场地	7号场地
1							
2							
3							
4							
5							
6							
7							
8							
9							
10							

（二）网球比赛常用表格

网球比赛的组织与实施过程中，为方便管理和开展工作，一般会用到多种表格，下面列出几种较为常用的比赛用表（见表2-6至表2-8）。

表2-6　预选赛选手登记表

比赛名称_____比赛项目_____报名截止日期_____

序号	选手姓名	排名	抽签、编码	抽入位置号
1				
2				
3				
4				
5				
6				
7				
8				
9				
10				
11				
12				
13				
14				
15				
16				
17				
18				
19				
20				

表 2-7　正选赛选手签到表

比赛名称_____　比赛项目_____　登记截止日期_____　裁判长_____　监督_____

序号	选手姓名	选手本人签字	抽签、编码	抽入位置号
1				
2				
3				
4				
5				
6				
7				
8				
9				
10				
11				
12				
13				
14				
15				
16				
17				
18				
19				
20				

表 2-8　双打项目参赛选手登记表

比赛名称_____监督_____登记日期_____截止日期_____

序号	选手姓名	平均分	排名	混合排名积分合计
1				
2				
3				
4				
5				
6				
7				
8				
9				
10				
11				
12				
13				
14				
15				
16				
17				
18				
19				
20				

第四节 高校网球联赛的组织

一、影响我国大学生网球联赛开展的因素

当前，影响我国大学生网球联赛开展的因素主要有以下几个方面。

（一）经济方面的因素

大学生网球联赛的相关经费主要有三个来源渠道：一是赛事承办单位网球教研室投入的资金；二是大学生网球运动员缴纳的报名费；三是社会企业赞助。相对而言，主办单位在资金上的支持力度小，总体而言，现有经费不能充分满足赛事需要，有限的资金直接限制了比赛场地的租赁、给工作人员的报酬及给优胜者的奖励，也严重影响了各高校参加联赛的积极性，影响了承办单位办赛的积极性，制约了赛事的顺利开展和持续发展。

（二）运动员方面的因素

1. 运动员的参赛动机

大学生网球运动员将参加网球联赛看作一个锻炼与提升自己的机会，主要是为了提高自己的网球技能水平而参加比赛，也有一部分大学生参加网球联赛是为了取得好成绩和奖励。但以后者为动机的大学生所占比例相对较少，可见大学生对夺冠没有十分强烈的愿望，这反映了大学生运动员对自己的实力没有信心，认为自己的技能还没有达到较高的水平。

2. 运动员水平

高校网球队的大学生运动员中，有一部分在步入高校之前对网球运动丝毫没有接触过，网球基础较差，也完全没有实践经验，虽然进入高校后通过上网球课和参加训练，网球技能有了显著提高，但因为学习与训练的时间较短，而且缺乏一定的系统性与专业性，所以运动员的整体水平较低，也直接影响了大学生网球联赛的水平。

（三）组织管理方面的因素

1. 比赛次数少

当前，我国很多地方的大学生网球联赛都缺乏较为健全和完善的竞

赛体制，每年举办的校际网球比赛次数较少，运动员的参赛需求得不到满足，而且也影响了运动员实战能力的提升。

2. 组别划分不明确

大学生网球联赛的参与者既有网球专业的本科生和研究生，也有非网球专业的网球爱好者。相对而言，网球专业的本科生不管是理论知识储备，还是网球技术水平，实力都比其他专业学生强，网球专业的研究生更是非常有竞争力，不同水平的运动员同时参加比赛，虽然对水平较低的运动员来说是一个学习与挑战的机会，但比赛结果一般都没有悬念，屡次失败的运动员会失去积极性和信心，而且观众也认为这样的比赛不像高手对决那样精彩。

不同水平的运动员之所以会在比赛场上相遇，除了和比赛抽签的随机性有关外，还与没有对参赛选手进行明确的组别划分有关。组别划分不明确，水平较低的选手基本都是一轮游，这直接影响了比赛水平与比赛质量，也不利于通过网球比赛宣传网球运动。

3. 裁判员业务水平有限

大学网球联赛中的裁判员大都是高校网球专业的学生，虽然他们掌握了裁判的基本知识与技巧，但缺乏实践经验和临场执裁经历，面对赛事中的突发事件不知如何处理，临场应变能力较差，而且把握不好执裁尺度。此外，有些比赛中，并非每场比赛都设有裁判员，如果不是涉及名次之争的重要场次比赛，就会实行信任制比赛，不安排裁判员，这直接影响了大学生裁判员在实践中锻炼的机会。而且，裁判员在提高自身执裁能力方面缺乏自觉性，学校对这方面的培养也不够重视，裁判员的执裁能力直接影响了网球比赛的质量。

二、促进我国大学生网球联赛开展的对策

了解我国大学生网球联赛开展的影响因素后，应着重从以下几方面有针对性地解决上述问题，以提高大学生网球联赛的水平，推动大学生网球联赛的发展与高校竞技网球文化的建设。

（一）拓宽经费来源，增加经费投入

充足的经费是顺利举办网球赛事的基础条件，因此赛事组织者应向

学校有关部门积极争取资金上的支持，同时要将本校现有的网球资源充分利用起来，加强与社会有关单位的合作，拓展筹资渠道，吸引社会各界的支持，接受企业及有关部门的资金、物质等赞助，为比赛积累必要的资金和物质资源。

另外，如果参赛人数多，应将新、旧场地设施资源都利用起来，穿插举行不同比赛，以促进球场利用率的提高，同时也起到宣传网球比赛的作用，使校园网球氛围活跃起来，创造良好的比赛环境。同时，高校有关部门在管理学校网球场时，要开拓思维，进行形式多样的经营管理，以增加收入、维护球场、支持比赛。

（二）注重宣传，完善奖励机制

在比赛前，赛事策划宣传小组应通过多种丰富有效的途径来宣传赛事，渲染比赛氛围，为大学生参加比赛营造良好的环境。在比赛中和比赛结束后，应利用校园网、校报等媒体手段对比赛进程进行实况追踪与报道，及时更新赛事信息与结果，使比赛氛围保持得更久一些。另外，宣传比赛还可以采用冠名的方法，在不违反校园规则的前提下张贴宣传横幅和海报等，在校内外广泛传播与扩散和比赛有关的重要信息，使比赛的影响力进一步扩大。

在比赛结束后，应该多颁发一些奖项，可以不限于奖金、证书等，有时有纪念意义的奖品对参赛者来说更有吸引力，如网球锻炼卡、球星签名照等，发放奖品是对参赛者的一种鼓励与认可，能够激励他们继续努力，不断提升自己，争取在下一次比赛中取得更好的成绩。

（三）加大市场开发力度，提升比赛效益

高校有关部门应面向社会积极寻求有合作意向的企事业单位，对社会资源进行深入挖掘与有效利用，与社会有关组织及企业建立友好合作关系，以解决赛事的资金问题，提高赛事效率，同时扩大赛事的影响力。赛事组织单位应以良好的服务理念、创新理念来提升比赛质量，具体可以通过广告、冠名、奖励等手段来包装比赛，打造特色比赛产品，树立良好的比赛形象，赢得口碑，对赞助单位产生一定的吸引力，使其主动投资，提高比赛的社会效益。此外，可以将大学生网球联赛与慈善事业、

大众健身等结合起来，使比赛更有意义，这有助于吸引赞助和观众。

总之，要努力举办高质量的大学生网球联赛，鼓励更多的大学生参与网球运动，推动高校网球运动的健康发展与网球文化的持续传承，提高高校网球运动的影响力，最终为我国网球事业的发展作出贡献。

第三章　高校网球文化的发展现状与策略

我国网球运动在高校的群体基础广泛，从传入高校以来深得大学生喜爱。大学生参与网球运动，可以强身健体，调节情绪，促进身心发展。在高校校园中经常可以看到大学生在球场上三五成群打网球，宣传栏中也有很多关于校园网球活动的宣传内容或网球资讯，这都是校园网球文化传播的重要载体。高校校园网球文化的建设对大学生、高校体育文化及校园文化的发展及网球运动本身的发展都具有重要意义。本章主要就高校网球运动文化的发展现状与策略展开研究，首先分析高校网球运动文化的发展现状与存在的问题，然后针对实际情况与困境提出发展建议与策略。

第一节 高校网球文化发展现状分析

网球运动文化有四个不同的层次，分别是网球物质文化、网球精神文化、网球制度文化以及网球行为文化。高校网球文化建设主要从这四个层面展开，网球文化在高校的传承与发展主要从两个方面展开，一是网球文化传播，主要涉及网球物质文化与制度文化；二是人文素质的发展，主要涉及网球行为文化与精神文化。这四个层次的网球文化各自包含不同的内容，而且相互之间也存在密切的联系，相互作用，相辅相成。只有从这几个层次出发全面建设高校网球文化，才能更好地促进高校网球及网球文化的进一步发展，并充分发挥网球运动促进大学生全面发展的积极作用（见图 3-1）。

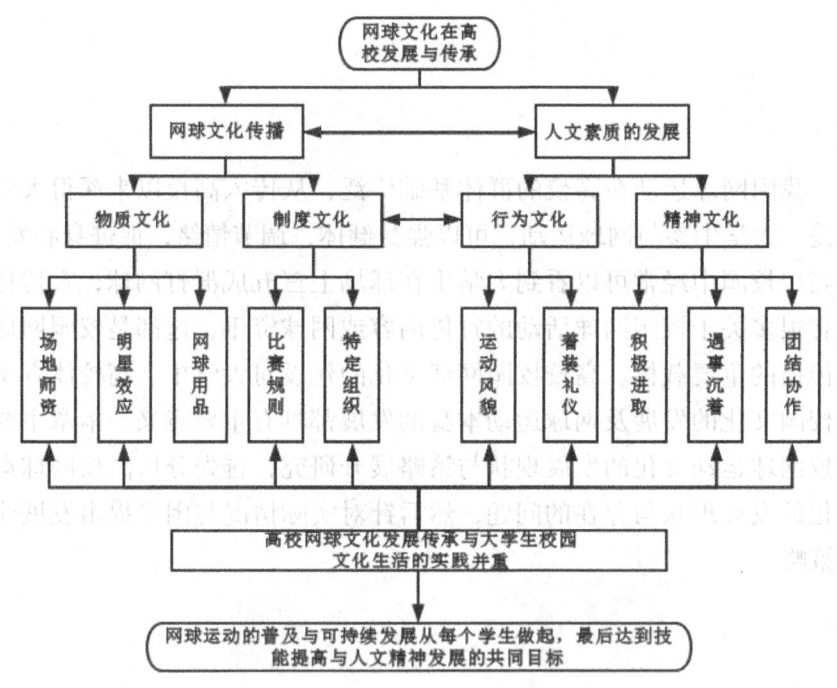

图 3-1 网球运动文化的四个层次

一、高校网球物质文化建设现状

下面主要从网球场地设施和器材设备两个方面来分析高校网球物质文化建设情况。

（一）网球场地建设

网球运动对场地设施的要求较高，在很大程度上要依赖一定的场地设施才能顺利开展。高校网球教学同样要依赖网球场地设施才能顺利进行，网球场地设施是网球物质文化的一项基础内容，也是网球文化的重要载体之一。在关于高校网球文化建设与发展的影响因素的调整研究中，选择"缺少经费"这项影响因素的管理者占到76%，而经费投入少直接影响的就是网球场地建设，虽然近年来高校网球场地数量较之前有所增加，但随着高校网球运动的不断普及和参与者的不断增加，场地仍然不足，不管是网球实践课教学的组织与实施，还是课外网球活动的开展，都因为场地不足而受到了限制，这是大部分高校普遍存在的问题。

在相关的调查研究中，仅有少部分学生认为网球场地能满足自身需求或基本能满足自身需求，大多数学生认为学校的网球场地不能满足自身需求或远远不能满足自身需求。大学生对高校网球场地设施的建设情况并不满意的。

高校网球场地设施不能满足学生需求的原因主要有以下两点。

第一，网球场地设施数量与高校网球人口数量不成比例。

第二，网球课安排不合理，多个班同时上网球课，或学生在课外扎堆参加网球活动，导致网球场地不够用。

（二）网球器材现状

网球运动的器材装备有不同的档次，高校购置的一般都是普通的网球器材，主要运用于网球教学中。

因为大学生的网球运动水平普遍不高，对网球器材装备也没有过高的要求，因此选择能满足需求的学生占大多数。网球基础较好，水平较高的学生对网球器材的需求相对高一些，他们往往会自己购买较高档次的器材装备。

二、高校网球精神文化建设现状

下面主要通过分析网球运动对大学生体育观念、体育道德及体育精神的影响来了解高校网球精神文化建设情况。

（一）网球运动影响大学生体育观念的情况

体育具有健身价值、娱乐价值、审美价值以及教育价值，大学生的体育观念主要表现为他们对体育运动这些多元价值的认识与态度。

大部分大学生认为网球运动能使自身体质增强，同时也认为网球运动在调节心理与情绪方面能够起到作用。越来越多的大学生选择培养终身体育意识、吃苦耐劳的品质和增强自信心。

大学生在参与网球运动的过程中取得了良好的效果，如体质增强、情绪稳定、心理健康水平提高、自信心增强、养成了吃苦耐劳的好习惯、文化生活更加丰富等。这体现了高校网球运动对大学生体育观念的积极影响。这些影响对学生的学习、生活以及将来的工作都有重要意义，大学生在网球运动中形成的正确体育意识和终身体育观念将使其受益终身。

（二）网球运动影响大学生体育道德的情况

大学生的个人道德品质和人格修养如何，一定程度上可以从其参与网球活动时展现出的体育道德素养中反映出来，网球文化对学生精神层面的影响是潜移默化的，能够促进学生内在品质和修养的提高以及人格的完善。

网球文化内涵中包含诚实和公平，网球运动参与者也要具备这两个基本素质，这是对参与者的基本要求。现在，不良社会风气对大学生的影响很大，使大学生的价值观发生扭曲，道德素质降低，这对大学生的成长与发展极为不利。在高校宣传网球文化，积极开展网球运动，有利于净化高校人文环境，活跃高校文化氛围，帮助大学生抵挡不良社会风气的侵蚀。

网球比赛是高校中最常见的网球活动形式之一，而且很多高校都主张信任制比赛，也就是不安排裁判员，这对运动员的技术水平、道德修养是非常大的考验。在网球教学与网球比赛中融入精神文化教育，有助于培养大学生诚实守信、公平竞争的道德品质。

许多大学生认为网球运动对培养体育道德是有帮助的，这说明大部分大学生在参与网球运动学习与锻炼的过程中，体育道德发生了积极的变化，如在网球运动、学习和生活中能够做到诚实守信、公平竞争。

（三）网球运动影响大学生体育精神的情况

网球运动对大学生的竞争意识、责任感、意志品质、集体主义精神、爱国主义精神以及敬业精神等都有一定的影响，这些都是精神层面的影响，其中影响最为显著的是顽强拼搏精神和集体主义精神。可见，大学生通过参与网球运动锻炼，意志品质不断增强，集体主义精神和团结协作意识也得到了强化。

社会的迅速发展和社会竞争的加剧使社会大环境发生了变化，新的社会环境要求社会人才要具备较高的综合素质，大学生毕业后步入社会，是社会不同行业的重要人才资源，为了更好地适应未来的社会生活，大学生在校期间就应该有意识地锻炼与提升自己，这里的锻炼与提升不仅是指理论与技能上的锻炼与提升，还包括精神层面的提升，如树立公平竞争意识、强化团结协作的意识、培养敬业精神等，只有全面提升自己的精神境界，将来在社会上面对挫折与磨难才能更从容地克服。

网球双打与团体项目对参与者的团结协作意识、配合能力及集体主义精神有较高的要求，可以利用双打和团体比赛来培养大学生的团结协作能力与集体主义精神。网球运动既有合作又有竞争，大学生要同时具备竞争与合作的意识与能力，形成高尚的价值观，这能够为将来适应社会各行业的工作奠定良好的基础，并终身受益。

三、高校网球制度文化与行为文化建设现状

（一）高校体育管理制度建设

高校体育文化建设的内容包括制度文化，制度文化也是高校体育文化可持续发展的重要保障，高校建立健全校园体育管理体制和体育规章制度具有重要意义，能够促进高校各项体育活动的规范化，提高高校体育的科学发展水平。高校所有体育文化活动都要以本校的体育规章制度与管理体制为准则，师生参与体育活动时的行为方式与心理意识都受到

相关制度的约束。作为高校体育文化重要组成部分之一的网球文化，同样要在相应体育规章制度的约束与规范下才能健康发展，网球文化的健康发展又会促进高校校园文化与体育文化的和谐发展。

在高校体育文化建设中，校园体育制度起到保护、规范、约束与协调的作用。校园体育文化的固有结构在一定程度上会被校园网球文化所打破，校园体育文化分层现象也会随之发生，此时具有协调和约束作用的学校体育管理制度显得尤为重要。

当前，我国高校的体育管理制度建设情况不容乐观，制度缺失问题严重。许多网球教师认为高校没有较为完善的体育管理制度为高校校园网球文化的发展提供有力保障。

（二）高校网球文化宣传

在信息时代，体育文化的发展在很大程度上受到电视、广播、杂志等大众传播媒介的影响。高校网球文化的发展同样需要运用多种传媒手段进行大力宣传与推广。宣传校园网球文化有助于营造良好的校园网球文化氛围，使大学生对网球运动的文化内涵与文化魅力有更全面的认识与深刻的理解，从而对网球运动产生兴趣，在良好的网球氛围的熏陶下自觉参与网球运动，并从中获得良好的身心体验与精神享受。

大学生最初参与网球运动是受周围环境或相关人员的影响，如受媒体宣传报道影响而参与网球运动。媒体宣传的影响力是巨大的，运用媒体手段大力宣传校园网球文化，能够促进网球运动在大学生群体中的进一步普及，调动大学生参与网球运动的积极性，使大学生将网球锻炼作为自己日常学习与生活的一部分。

虽然有些高校都成立了大学生网球协会，但该网球组织在宣传网球文化方面没有将工作做到位，少数高校对网球文化进行了宣传与推广，但次数非常少，所以效果也不明显。

总之，高校缺少面向全校师生的网球文化宣传活动，这直接制约了大学生对网球文化的认识与了解。

（三）高校网球教学的开展

下面主要从高校网球课程的开设、学生人数、教学内容及师资情况等几方面来分析高校网球教学现状。

1. 网球教学内容

高校网球普修课和选修课的教学内容以网球技术为主，包括发球、正反手击球、削球等。网球运动对参与者身体素质的要求较高，如自身速度、协调能力等，而且步入大学之前与网球运动零接触的大学生有很多，大学生缺乏一定的网球基础，所以初学时有一定的难度，掌握较慢，再加上课时有限，一个班级的学生数量较多，网球场地器材不足，培养球感和技术又需要较长时间，因此上面提到的网球教学内容很难顺利完成，即使匆忙完成，教学效果也不佳。

面对各方面的教学问题与障碍，能够按计划如期完成网球教学任务的教师较少，这虽然与教师的教学能力有关，但客观上而言，高校网球教学环境确实是一大阻碍，对教师与学生都是艰巨的考验。

2. 网球教学方法

网球教师在教学中采用的教学方法直接影响网球教学效果。当下网球教师普遍习惯采用单一的传统教学方法，较少使用现代化教学方法。随着现代网球教学的不断发展，单一的传统教学方法的弊端日益暴露，如果不加以改革与创新，则会严重影响教学效果。

3. 网球师资情况

①性别。网球教师中男性占绝大多数，只有少部分教师是女性。

②年龄。大部分教师年龄分布在30岁及以下、31~40岁及41~50岁这三个年龄段，只有少部分教师年龄超过50岁。总之，不同年龄段网球教师的数量比例不合理。

③学历与职称。高校网球教师的学历水平整体较高。总体上，高校不同职称网球教师的比例不合理，缺少可以作为带头人的高职称网球教师。

④专业水平。教师的等级越高，专业技能水平就越高，但许多网球教师的专业技能水平并不达标。在获取专业技术方面，跨专业从事网球教学工作的教师有很多，这部分教师对网球知识的掌握不够系统，专业化水平较低，不利于大学生网球运动水平的提高。总之，当前高校网球师资情况不容乐观，网球教学需要得不到很好的满足。

第二节　促进高校文化发展的原因分析

一、学生对网球运动的积极参与

学生是学校的主体，是学习的主人。高校大学生对网球运动的喜欢、参与是推动校园网球运动开展的生力军，是促进高校网球运动发展的中坚力量，是建设校园体育文化的主心骨。研究表明，大学生参与网球运动的动机中有65%的人是因为自身喜欢。而参与网球运动的大学生有78.2%的人表示对网球运动喜欢及以上。[①] 网球运动作为新兴的体育项目受到广大学生的青睐，加上网球运动独特的项目特点和深厚的文化积淀，被称为是"贵族运动""绅士运动"。因此，越来越多的大学生对网球运动产生很大的兴趣，在众多的体育项目中，他们会选择网球运动来进行体育锻炼，形成一定的网球人口，产生进行网球活动的需求，因此就会促使学校建设网球场地，成立网球师资队伍，进而满足和保障学生进行网球运动最基本的条件。

二、高校对网球运动的重视

对于高校网球运动的发展，高校的重视程度对其有着直接的影响，进而影响高校体育文化的建设。网球场地数量的多少以及师资力量的强弱，是反映一所高校对开展网球运动的重视程度的重要标志。以北京市为例，北京市高校对网球运动的发展重视程度较高，大部分高校经济基础较好，学校规模大，重视学校的体育发展，体育投资力度强。通过新建、改建网球场地，引进网球专业人才，如高水平网球运动员，鼓励和组织网球教师参加培训或者进修，提升网球教师的科研能力，形成良好的物质环境。制定相应完善的制度体系保障网球运动的开展，部分高校领导在网球运动的开展和推广过程中担任网球运动的管理职务，积极鼓励和成立学校网球协会组织，组织和举办各种网球竞赛活动，增加网球运动的影响力。此外，高校领导积极参与网球运动，参加全国高校"校长杯"

---

① 刘朋溪：《高校校园网球运动的文化建设研究》，北京体育大学2018年硕士学位论文第52-55页。

网球比赛等，高校领导和教师的身体力行带动学生参与网球运动的积极性，也提高了对网球运动的宣传推广作用。

三、政府对体育工作发展的指导作用

国家政府高度重视体育工作，将体育发展纳入各地区国民经济和社会发展的总体规划。国务院在《全民健身计划（2016-2020）》中指出深化体育改革，增强全民健身意识。党中央、国务院制定的体育发展"十三五"规划中提出要壮大体育人才队伍。充分发挥高等院校自身的优势，加强体育特色专业和重点学科建设，壮大体育人才队伍，支持高等院校与运动项目协会协同创新，共同发展。

在国家体育政策的指引下，国家体育总局网球管理中心、中国大学生体育协会网球分会、北京市大学生体育协会网球分会贯彻党的教育方针，共同推动和指导我国高校网球运动的普及和发展，组织全国大学生网球竞赛工作和各类网球联赛，开展网球教学研讨和相关科研及裁判工作等。每年不仅举办全国大学生网球锦标赛，首都高校春秋季网球联赛，促进大学生参与网球运动的积极性，还增设"校长杯"，让各个高校从领导层开始重视网球，完善校园网球硬件设施，增设场地，建设师资力量，更好地推动高校网球运动的普及。大力推动高校网球的科学研究，为高校的体育老师尤其是网球老师搭建体育科研交流和成果展示的平台，提高我国网球整体的科研水平，培养网球教师的科研能力，提高高校网球运动发展水平。

第三节 高校网球文化发展存在的问题

一、高校网球物质文化建设的问题

高校网球运动开展过程中，网球场地数量少是一个严重的制约因素，而经费投入少又是造成网球场地数量少的主要原因。高校领导虽然在思想上慢慢重视校园网球活动，但在经费上的支持力度还是比较薄弱，教育经费大都用来扶持文化学科的教学，分配到体育学科上的经费只占到很小的比例，而用于网球场地建设的资金更是少之又少。网球运动对场

地要求较高，网球场地建设需要的资金数额较大，有限的经费不足以建设能够充分满足网球教学需要和课余网球活动需要的网球场地设施，这直接打击了大学生参与网球运动的积极性。

二、高校网球精神文化建设的问题

网球运动的文化底蕴十分深厚，普及与推广网球文化有利于大学生强身健体、更新观念、塑造价值观和养成良好的行为习惯。高校网球精神文化建设中，要先做好网球教学的基础工作，这方面工作稳定扎实后，再在此基础上推广高校网球文化，这样能够取得更好的效果。学生只有系统学习网球文化内容，对网球发展历程有清晰的了解，对网球的独特性与魅力有深刻的认知，才能发自内心、自觉自愿地参与其中，并在宣传与推广网球文化方面作出贡献。但高校网球教学现状不容乐观，没有将精神与道德教育充分融入其中，导致学生的道德素质得不到提升，也使网球文化在高校的宣传失去基础支撑。

三、高校网球制度文化与行为文化建设的问题

（一）体育管理制度缺失

我国高校普遍缺少较为健全与完善的体育管理制度，这造成了高校网球运动发展不规范、不科学的问题，也使高校校园网球文化的传承与发展得不到有力的支撑与保障。

（二）网球课程结构不合理

高校网球课程的教学内容以发球、正反手击球、削球等基本技术为主，但对网球基础较差的初学者来说，要掌握这些内容有一定的难度，而且高校设置的网球课时数较少，每节课的教学时间更是十分有限，学生要在有限的时间里掌握对速度、协调性等素质要求较高的网球技术，难度可想而知。

（三）网球教师资源缺乏

当前，高校网球教师队伍建设中存在教师数量少；高职称教师占比低；老、中、青教师配比不合理；网球专业教师缺乏；教师教学水平和

科研水平良莠不齐等问题，这些问题影响了高校网球教学效果，也制约了网球文化在校园中的传播与推广。总之，高校网球师资现状无法使教学需要得到充分满足。

第四节　高校网球文化的发展策略

针对我国高校网球文化的现状与存在的现实问题，应着重从以下几方面来推动高校网球文化的发展。

一、树立"以人为本"的理念

我国很多高校现在都很重视面向大学生推广普及网球运动及网球文化。加强高校网球文化建设，不但能够使大学生对网球运动有准确的了解和深入的认识，还能使其参加这项运动的积极性得到提升。在宣传普及网球文化的过程中，应树立"以人为本"的理念，贯彻人文主义精神，营造民主、和谐、友善的校园网球文化氛围。

二、对网球文化的内涵与教育功能进行深入挖掘

在高校网球文化的建设与发展中，需要充分发挥教育的推动作用，网球教学也是网球文化建设中的一项重要内容。开展网球教学，要重视对网球运动自身教育功能的挖掘。网球运动的教育功能主要体现在德育上，这项运动能够培养大学生诚实守信道德品质，能够遇事冷静，乐观面对困难，有条不紊地处理各种学习或生活问题。为了使网球运动的德育功能得到充分发挥，使大学生通过学习网球运动而在道德修养层面得到提升，高校应多开展一些融入网球文化的活动，进一步提升网球运动在大学生群体中的影响力，使大学生在深入了解网球文化的基础上产生对这项运动的喜爱之情，从而全身心投入到相关活动中，并积极影响周围人群参与这项运动。

三、重视网球课程及教学的优化

虽然现在网球课在很多高校都已普遍开设，但因为我国网球运动起

步晚，传入高校的时间也比较晚，所以各高校在网球课程建设上还没有达到完善的程度，网球教学体系存在许多问题，这直接影响了高校网球教学效果和网球文化建设。网球运动是讲究礼仪的高雅运动，而且还有较为复杂的规则，所以需要专业的网球教师来教学生，需要不断改革与优化网球课程与教学体系，这对于宣传与普及健康的、积极向上的网球文化具有重要意义。

高校网球课程与教学的优化主要从以下几方面展开。

（一）加强网球场地设施建设

要推动高校网球运动发展，建设高校网球文化，首先要重视网球基础设施建设，这是发展网球运动的基础条件。另外，尊重网球场地也是网球运动的基本礼节之一，因为和其他体育文化相比，网球文化有更加细致的规则。专业的网球场地是发展网球运动和建立网球文化的首要前提。网球教学同样离不开充足的网球场地这个最基本的物质条件，只有先对网球场地设施进行完善，才有可能提高网球课程教学效果，也才有可能落实高校网球文化的建设工作。

我国有很多高校开设网球课程的时间并不长，基础教学设施数量严重不足，物质条件较差，实际教学需要难以得到充分的满足，此外，受天气的影响，露天的网球场地并不是随时都能使用，如遇雨天、雪天、大风等天气，则不可能在露天的网球场地上顺利进行网球教学，这也在很大程度上影响了高校网球运动的发展及网球文化建设。对此，高校可根据实际条件与需要建设网球馆，以弥补露天场地的不足。不管是白天还是晚上，不管什么天气，室内网球馆都可以使用，这为网球教学的顺利进行和大学生参与课余网球活动提供了极大的便利。

（二）促进网球课程结构体系的合理化

高校网球教学的开展需要有科学的专业网球教材，网球教师只有在专业教材的基础上进行专业讲解，学生才能更好地了解网球知识，掌握网球技能。在高校网球文化的形成与发展中，开设专业网球课程是一个必不可少的重要条件，且高校网球课程的开展水平直接影响高校网球文化的健康发展。因此，在高校网球课程建设中，要将优化课程结构作为关键性工作重视起来，并制订科学合理的、具有可行性与可操作性的教学计划，完善教学内容，合理安排与控制教学进度，完善教学考评体系，最终优化与提高教学效果。

（三）培养高水平的专业网球教师

网球教师人数少，师资队伍专业水平低是我国高校网球教学中面临的普遍性问题。高水平网球教师与网球教练员在高校网球运动发展和网球文化建设中发挥着举足轻重的作用，高校网球文化传播的主力是教师和学生，教师同时也是传授网球文化知识与网球技能的主要力量。但当前我国缺乏高水平专业网球教师，网球师资队伍的性别、年龄、职称、等级等结构不合理，这对我国高校网球文化建设造成了严重制约。因此，就现阶段而言，加强对高水平网球教师队伍的建设是需要尽快开展的一项工作。

第一，高校要重视招聘专业网球教师与教练员，并做好职前培训工作，不仅要增加专业网球教师的数量，还要大力提升网球师资队伍的质量，优化师资队伍的结构。

第二，鼓励现有网球教师参加继续教育与专业培训，并为他们提供外出学习与深造的机会，不断提高网球教师的专项业务能力与综合素质，使其在高校网球教学事业中充分发挥自己的优势与作用。

总之，培养高水平网球教师队伍对高校网球文化的建设与发展具有重要意义，要采取科学有效的措施来引进新的教师资源，同时把好质量关。

四、成立高校网球协会

高校网球协会在推动高校网球运动发展与高校网球文化建设方面发挥着非常重要的作用，因此高校成立网球协会很有必要。高校网球协会作为学校的网球组织机构，能够引导大学生科学参与网球运动，也能在宣传与普及高校网球文化方面出一份力。高校网球协会为大学生网球爱好者提供了相互交流、切磋与参加更多网球活动的良好平台，不同高校的网球协会还可以共同组织校际网球比赛、网球观摩交流等各种形式的网球活动，以学习经验，促进本校网球运动发展水平的提高。此外，高校网球协会还可以组织协会成员参与地方举办的网球交流活动或比赛，使大学生开阔视野，不断进步。

高校网球协会可重点从以下几方面来推动高校网球文化建设，促进高校网球运动发展。

（一）大力宣传与普及网球知识

媒体宣传是传播体育文化的重要途径之一，现代媒体的发展已经达到了十分成熟的水平，媒体的宣传作用也有了提升。高校也可以利用广播站、校刊、校园网等学校的媒体资源来传播网球文化。高校网球协会在普及与推广网球文化方面肩负重任，采用这些媒体手段可取得良好的传播效果。

高校网球协会成员以协会的名义对网球知识与文化进行宣传，不但能够对"温文尔雅"的网球形象进行维护，还能提升自己的责任感，形成认真负责的态度。有些大学生对网球运动不熟悉，存在许多困惑，所以迟迟不参与这项运动，而通过高校网球协会的宣传和带动，会有更多的大学生了解网球、爱上网球、参与网球，从而形成良好的网球运动氛围。

高校网球协会对网球文化的传播既灵活，又自由，而传播网球文化的最大收获是有更多的大学生亲身参与网球运动，亲身体验网球运动的乐趣与魅力。高校网球协会在对网球知识进行宣传与普及的过程中，要将网球礼仪知识作为一项重点宣传内容，网球礼仪能够充分表现网球运动的"绅士感"，对大学生具有一定的吸引力，能够起到很好的宣传效果，从而促进高校网球文化的不断发展。

（二）组织日常训练和网球比赛

组织协会成员参加网球训练和比赛是高校网球协会的基本职责之一，如果做不到这一点，网球协会如同摆设，失去了最初成立协会的意义。高校网球协会应向学校相关部门争取对网球场地的使用权，然后在特定时间组织成员参加训练，以满足成员参与网球运动的需要，使成员的网球水平在长期的训练中得到提高。网球协会组织成员参加日常网球训练，要有计划、有目的地开展工作，并定期邀请高水平教师或教练来指导学员的训练，为成员创造良好的训练环境。

高校网球协会举办网球比赛能够使网球运动在大学生群体中产生更大的影响力，这是高校网球文化宣传中非常重要的一个手段。在网球比赛过程中，参赛选手严格遵守比赛规则，充分展现网球礼仪文化，使作为观众的大学生通过观看比赛进一步认识网球文化，并对这项运动产生兴趣。网球比赛还能促进参赛者技术能力的增强和道德修养的提升，这也是高校网球文化建设的一个重要成果。

（三）加强与业余网球俱乐部的互动

业余网球俱乐部不管是硬件资源还是软件资源，都比高校网球协会要好，高校网球协会通过与业余网球俱乐部进行交流与合作，可以将俱乐部的良好资源为我所用，从而为协会组织活动提供便利。业余网球俱乐部的教学与训练理论、方法基本都已成熟，对这些理论与方法适当借鉴，并运用于网球协会的教学与训练中，能够大大提高网球协会教学与训练的水平与效果。

高校网球协会与业余网球俱乐部的融合对网球协会会员来说也是与高水平网球爱好者接触的好机会，会员应抓住这个机会，利用好这个平台来不断提升自己的网球技术水平。同时，这也是向社会传播本校网球文化、提高本校形象的有效途径。

高校网球协会与业余网球俱乐部合作是一个双赢的举措，不仅对高校网球文化建设有利，对业余网球俱乐部也有利，如可以利用高校的网球场地资源，从而节约俱乐部网球场地建设成本，双方应取长补短、互通有无、相互信任、真诚合作，这样才能达到对双方都有利的效果。

五、建设高校高水平网球队

高校成立高水平网球队，能够对大量的网球后备人才进行培养，促进高校网球发展空间的扩大和提高高校网球文化的影响力。大学生网球运动会的举办为各高校之间进行网球文化交流提供了良好的平台，也使高校网球文化建设提高到新的水平，高水平网球队参加高水平网球比赛能够产生非常大的影响力，使更多的人对网球文化产生兴趣，高校高水平网球运动队的建设直接提升了高校网球文化的发展高度，使大学生运动员对网球文化的精髓有了真正的理解。校内、校际、地方与全国的大学生网球比赛的开展营造了良好的网球文化氛围，对高校网球文化建设与普及具有重要意义，可以说高校高水平网球队对高校网球文化的持续发展起到了不可替代的作用。

需要注意的是，对高校高水平网球队的科学建设应做好以下几方面的工作。

第一，做好招生工作，拓宽网球后备人才培养途径。

第二，采用多种途径解决经费问题，为网球队顺利训练与参赛提供基础保障。

第三，加强对网球队的科学管理。

六、做好网球科研工作

网球相关课题研究能够为网球运动的发展提供理论指导与支撑。在网球研究中，对网球发展过程中面临的现实问题要进行全面细致的分析，并在科学理论的指导下探索有效的解决途径，高校网球运动的发展同样需要相关理论研究的科学指导。

高校是科研的前沿阵地，拥有丰富的科研资源，利用这一优势来推进网球科研工作，能够为高校网球文化建设奠定良好的理论基础，为解决高校网球文化建设中遇到的问题提供切实可行的建议。

第四章　高校网球文化建设中的人才培养

　　高校大学生网球技能素质主要包括基础技能素质与核心技能素质两个部分，其中基础技能素质又包括网球意识、网球专项体能素质与心理素质。具备良好的网球意识、体能与心理素质是大学生掌握网球核心技能的基础条件。本章重点对这几项基础技能素质的培养方法进行详细研究，以提高大学生的网球基本技能素质，为其更好地掌握网球技战术奠定基础。

第一节　如何培养网球意识

一、网球意识的概念

网球意识是指网球运动员在参与网球运动的过程中，通过大脑积极思维而产生的一种正确反映网球运动规律性的特殊机能和能力。它是运动员在长期实践过程中提炼和积累的一种正确生理与心理机能的反射性行为。

网球比赛既有进攻，又有防守，而且比赛双方的进攻与防守角色是不断变化的，网球比赛情况复杂，具有突然性和不确定性，这对网球运动员的随机应变能力提出了较高的要求。具有良好网球意识的运动员面对复杂多变的比赛环境，往往能够将身心、技战术及智慧等多方面的能力充分发挥出来，有效应对突发情况，将突发情况对自己比赛发挥造成的不利影响降到最低。良好的网球意识并不是自然形成的，而是需要运动员在长期的训练与比赛中逐渐积累与提炼的。

二、大学生网球意识的培养途径

（一）注重学习理论知识，掌握专业知识

大学生要全面理解网球运动的规律、技战术原理和发展趋势，从而充分提升自己的理论素养。对于网球技战术的特点与发展规律，大学生应有明确的认识，这样才能将网球技术要领掌握好。另外，大学生也要主动向优秀的专业运动员学习。教师要树立科学的指导思想，对网球理论教学内容进行合理安排，让大学生学习丰富的网球理论知识，如网球运动的发展、规律、特点、文化内涵、技战术原理等。同时，教师还要采用召开讨论会、课后总结、布置作业等方法让大学生在了解这些知识的基础上达到更深层次的掌握与理解，让大学生养成自觉学习网球理论知识与专业知识的良好习惯。在网球实践课中，要将网球专业知识与相关学科知识适当穿插讲解，促进大学生文化素质的提升，使其能够更全面地认识问题，更深刻与透彻地理解网球运动规律和技战术原理。

（二）培养观察与分析判断能力

大学生网球意识的形成是建立在良好观察能力基础上的，所以要注重对大学生观察力的培养。与此同时，对分析判断能力的培养也非常重要，观察与分析判断往往是一个连续的过程，一般应在网球训练中培养这些能力，使大学生学会观察重点，准确分析判断场上情况，然后随机应变，灵活应用所学技术。对观察与分析判断能力的培养一般应安排在技术训练初期，这个过程中还要加强大学生的视野训练。

在攻防练习、技术个性训练以及对抗训练中培养大学生的观察及分析判断能力往往能够取得良好的效果。通过这些练习，使大学生积累丰富的实践经验，提高应变能力，能准确分析判断不同的场上情况，并恰当运用技战术。

（三）加强心理训练

良好的心理素质也是大学生网球意识形成的一个重要条件。网球意识是心智能力的集中体现，通过加强心理素质训练，尤其是比赛阶段的心理调整训练，能够促进大学生心智能力的提升，进而为大学生网球意识的形成与强化奠定基础。

（四）锻炼意志品质

培养大学生的意志品质同样对其网球意识的形成与提升有重要意义，对意志品质的培养应在网球实践活动中进行，在大学生进行网球练习时，适当设置一些困难与阻碍，以锻炼大学生的意志品质，培养大学生不惧困难，勇往直前的精神。此外，在意志品质培养中还要引导大学生学会控制和调节自己的情绪，以良好的心态和顽强的意志不断提升自己的网球素养。

（五）教师发挥好指导作用

大学生是在长期的网球实践活动中不断形成网球意识的，在这个过程中，教师的指导非常重要，教师应在网球教学中贯穿对大学生网球意识的培养，通过准确简洁的讲解、正确形象的示范将网球基本规律、本质特点、技术要领等传达给大学生，并为大学生提供实践机会，使大学生形成良好的网球意识。

第二节 网球体能素质提高

一、力量素质培养方法

(一) 跳跃练习

1. 弓箭步起跳

做弓箭步准备姿势,上体正直,双脚用力蹬地尽力向上跳,落地时两腿前后交换,动作要连贯流畅,重复练习,也可以负重练习。

2. 侧身纵跳下蹲

站在箱子一侧,两脚分开,垂直向上跳到最高处,身体在空中充分伸展,轻落到箱子上。

3. 原地四级跳

在双打边线后站立,两脚交替向前跳,落地后再向前跳,尽可能向远处跳,重复练习。

4. 纵跳后下蹲

在距离箱子 30~40 厘米的地方双脚开立,双手抱在头后,上体直立。向上纵跳到最高处,轻落在箱子上,屈膝。

(二) 实心球练习

1. 坐姿前上方抛球

基本坐姿,背靠背靠固定物,双手持球举过头顶。手臂稍屈,双手稍微后摆,向前上方快速投球,上体保持稳定。

2. 跪地前投球

跪姿,上体正直,双手于胸前持球,快速投球。伸直手臂,上体保持稳定。

3. 坐姿前顶球

坐姿,双手在头后持球,手臂伸直,将球快速送到脚尖前。

4. 动力性前抛

双手于体前持球,手臂伸直,屈膝俯身后向前上方快速抛球。

5. 动力性前上抛

站姿,两脚开立,双手持球,手臂伸直,屈膝,快速蹬地,双手将球抛向前上方。

6. 动力性后抛

站姿，双手持球抛向头部后上方。

7. 单手侧投

单手侧抛实心球过头。双手交替练习。

8. 侧身前投

面向同伴，屈膝，双手持球置于体侧。随后给同伴抛球，左右两侧重复。

9. 仰卧推球

仰卧姿势，教练员站在练习者头侧高处给其坠抛球。练习者接球后放到胸前，再给教练员快速推球。

10. 仰卧抛球

仰卧姿势，双手抱球向前抛给前方的教练员，然后挺身坐立。教练员接球后再抛回。练习者接球后缓慢仰卧，重复练习。

11. 转体 360 度后抛

两脚开立，屈膝，双手持球于体侧。蹬地转体一周后抛球给身后的同伴。

（三）橡皮筋牵拉练习

橡皮筋是练习力量的简易器械，可随身携带来锻炼力量。一般以下每个动作做 3~8 组，每组 10~20 次，组间间歇时间为 1—2 分钟。先练习单个动作，再练习组合动作。

1. 侧平扩胸

在肋木上固定好橡皮筋，面向肋木而立，双手将橡皮筋牵拉到垂于体侧。然后两臂侧平举，向后振臂扩胸。

2. 肩上牵拉

在肋木上固定好橡皮筋，面向肋木而立，双手将橡皮筋牵拉到垂于体侧。然后双手从体前平举移到肩上，向后振臂。

3. 双臂侧提拉

两脚踩在橡皮筋中间，双手牵拉橡皮筋向上提拉。

4. 身后推拉

在肋木上固定好橡皮筋，面向肋木而立，双手将橡皮筋牵拉到垂于体侧。然后两臂向后伸，同时向后振臂。

5. 前臂外转

在肋木上固定好橡皮筋，侧向肋木而立，前后臂垂直，肘向外转动，手将橡皮筋拉向身体外侧。

6. 前臂内转

在肋木上固定好橡皮筋，侧向肋木而立，前后臂垂直，前臂向内转动，手将橡皮筋拉向身体内侧。

7. 身体侧弯

在网柱上固定好橡皮筋，侧向网柱而立，在脖子上套一根比较宽的橡皮筋带，反复向外侧屈体。身体两侧重复练习。

8. 转体牵引

在挡网的下方固定好橡皮筋，双手将橡皮筋抓住，伸直手臂，身体与挡网侧对。左右侧交替转体以牵拉橡皮筋。

9. 伸肘下拉

在固定物上方系好橡皮筋，面向固定物而立，前后臂垂直，然后手臂伸展向下牵拉橡皮筋。

10. 屈肘上拉

脚踩橡皮筋以固定，屈肘90度，并在体侧固定，将橡皮筋向上牵拉。

二、速度素质培养方法

（一）跳跃练习

1. 跳深接向前纵跳

站在箱子上，向前方跳下，再快速纵跳，落地时先前脚掌着地，稍屈膝并保持适度紧张状态，上体稳定。

2. 六边形双脚跳

在边长约60厘米的六边形中间沿顺时针或逆时针方向快速向内、向外跳。身体方向始终保持不变。

3. 侧身跳深快速移动

站在箱子上侧身而跳，两脚同时着地，再向箱子一侧快速跑8~10米的距离。

4. 连续侧身障碍纵跳

将 5～8 个障碍物放在一条直线上，相邻障碍物之间间隔 60～90 厘米。从障碍物一侧开始用外侧脚连续跳过障碍物，跳完后单脚落地支撑，然后向反方向再跳。

5. 侧身双脚往返跳箱

站在箱子侧面，跳到箱子上，随后向箱子另一侧跳下。连续进行蹬跳练习，手臂可做辅助性摆动动作。

6. 单脚跳箱

右脚踏在箱子上，蹬地起跳，尽可能跳到最高，身体保持稳定与平衡，下落时，左脚踏箱，右脚落地。连续进行蹬跳练习。手臂可做辅助性摆动动作。跳到空中时两腿交叉。

（二）移动练习

1. 往返跑

（1）练习一

在单打边线和中线间（或单打边线间、底线和球网间、底线和发球线间）来回移动。可以向前跑再返回，也可以采用交叉步、侧滑步、单脚跳等方式移动。练习时间 5—10 分钟（见图 4-1）。

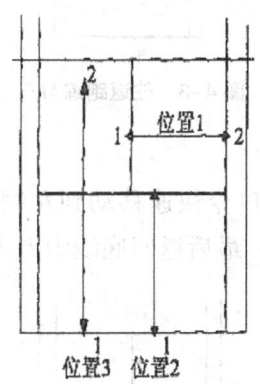

图 4-1　往返跑练习一

（2）练习二

从位置 1 开始，沿底线向左侧滑步到位置 2，然后返回到位置 1，接着跑到位置 3，再返回位置 1。重复练习（见图 4-2）。

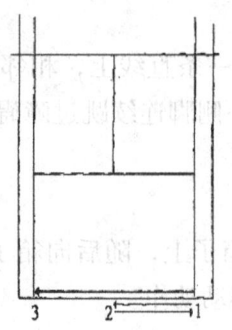

图 4-2　往返跑练习二

（3）练习三

从双打边线外起跑，连续往返单打边线、中线、远侧单打边线、远侧双打边线，最后返回单打边线，重复 5~6 次（见图 4-3）。

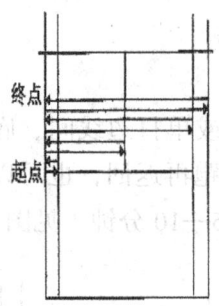

图 4-3　往返跑练习三

（4）练习四

从底线中点开始，听口令快速移动到左侧或右侧单打边线，手碰线后向另一条边线快速移动，最后返回底线中点（见图 4-4）。

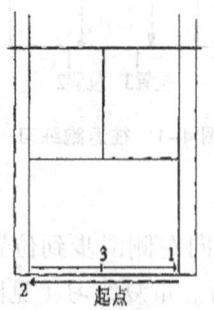

图 4-4　往返跑练习四

2. 疾跑练习

身体重心略低，前脚掌快速移动到目标区域，跑动距离不断增加，重复练习，重复次数依距离而定（见图4-5至图4-12）。

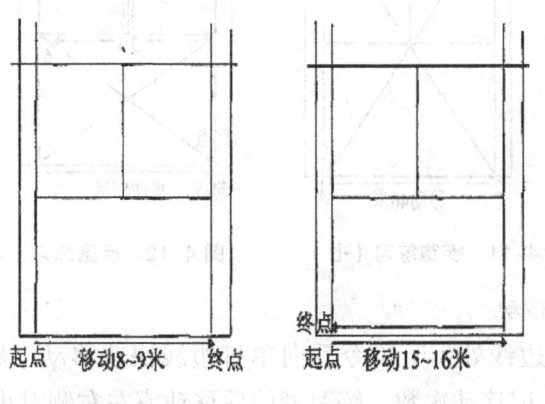

图4-5 疾跑练习（一）　　图4-6 疾跑练习（二）

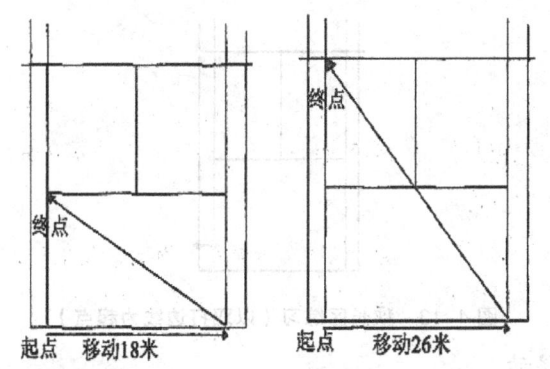

图4-7 疾跑练习（三）　　图4-8 疾跑练习（四）

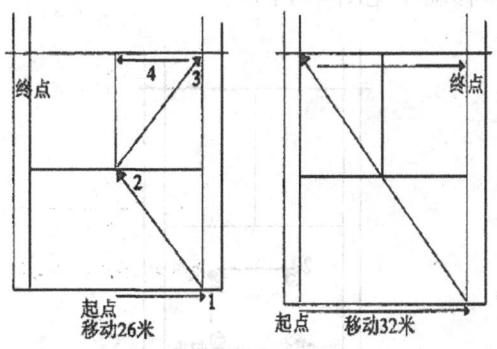

图4-9 疾跑练习（五）　　图4-10 疾跑练习（六）

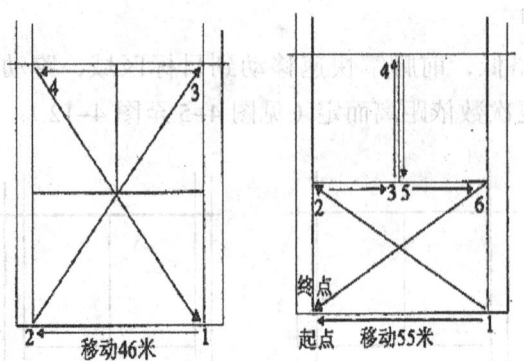

图 4-11　疾跑练习（七）　　图 4-12　疾跑练习（八）

3. 狭长区移动

站在双打边线处，听口令后向单打边线快速移动，然后后退返回。持续 10 秒钟，记移动次数，练习者前后移动或左右侧滑步都可以（见图 4-13）。

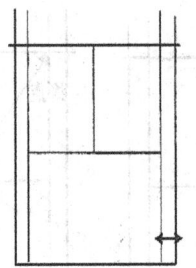

图 4-13　狭长区练习（以双打边线为起点）

4. 四方形移动

从起点直线跑到位置 1，向位置 2 侧滑步，向位置 3 后退步移动，再向起点位置侧滑步移动（见图 4-14）。

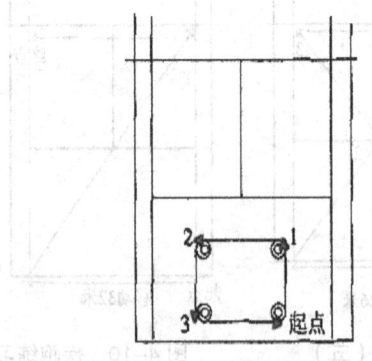

图 4-14　四方形练习

5. 倒"V"字形跑动

从边线和端线交点处开始移动到"T"位置,再向另一条边线和端线的交点处移动(见图 4–15)。

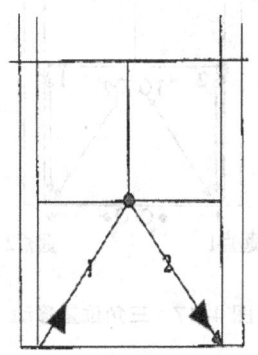

图 4–15　倒"V"字形练习

6. "十"字形移动

听口令进行"十"字移动(始终面向球网),用手触碰标志物。移动中听口令随时变化方向。在规定时间内尽可能完成多次移动(见图 4–16)。

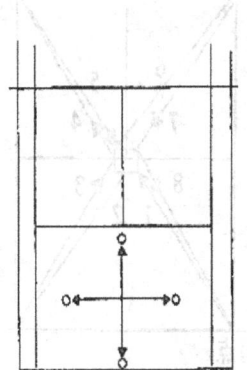

图 4–16　"十"字形练习

7. 三角位置移动

从起点位置往返移动到位置 1、位置 2 和位置 3。移动方法有向前跑、后退跑、侧滑步、交叉步等(见图 4–17)。

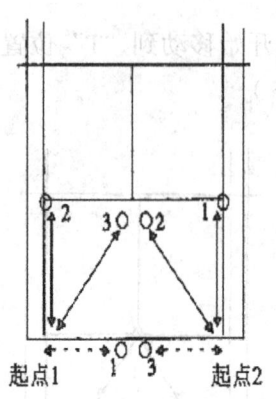

图 4-17 三角位置移动

8. 四角位置移动

从起点位置开始，按一定顺序在边角和"T"位置之间进行多次往返跑练习（见图 4-18）。

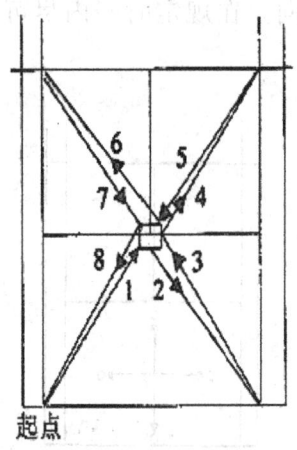

图 4-18 四角位置移动

9. 跨步移动

练习者与教练员相向而立，间隔距离大约 3 米。教练员双手分别持一颗球，两臂在体侧平举，将球抛向地面，每次抛一颗球。练习者观察抛出的球，快速移动到位，在球第二次落地前将其接住，再给教练员抛回（见图 4-19）。

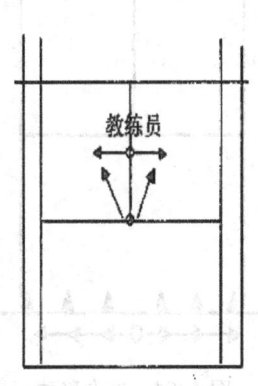

图 4-19　跨步移动

10. "8"字形移动

设置两个障碍，手持球拍，反复进行"8"字侧滑步练习。可边移动边击球（见图 4-20）。

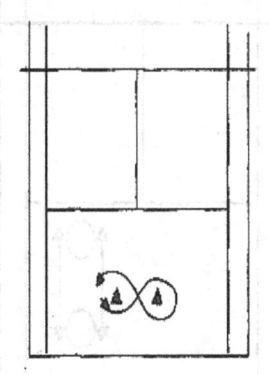

图 4-20　"8"字形移动

11. 左右移动

练习者和教练员分别在底线后和 T 位置上做准备。练习者听口令向左侧或右侧的指定位置迅速移动，移动到位后击球 1 次。随后返回起点（见图 4-21）。

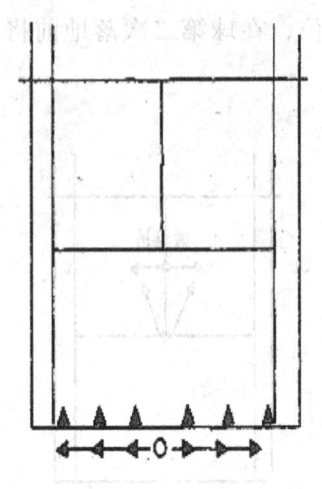

图 4-21　左右移动

12. 前后移动击球

在两个目标之间（间隔 2～3 米）前后来回移动，在目标左侧和右侧移动时分别做一个正手击球和反手击球动作（见图 4-22）。

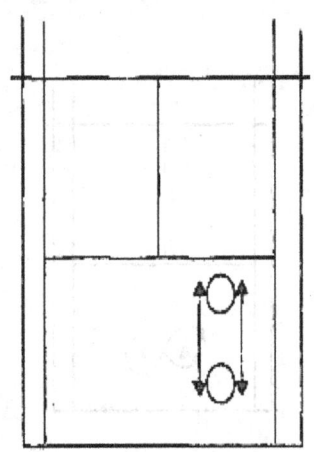

图 4-22　前后移动击球

13. 蛇形跑

从起点开始快速绕障碍物移动，然后直线跑回或原路线返回起点（见图 4-23）。

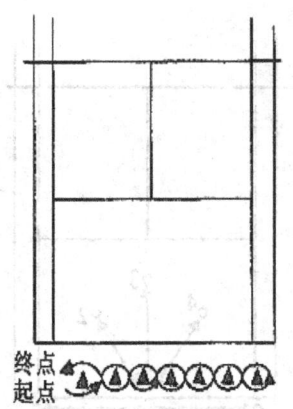

图 4-23 蛇形跑

14. 扇形跑

（1）练习一

将 5 个球分别放在 5 个标志点上，从起点开始跑向位置 1，然后手拿球向起点返回，把球放在起点，再跑向位置 2，依次进行，将所有球都放到起点。重复练习 3~5 次，每次练习后休息 1 分钟（见图 4-24）。

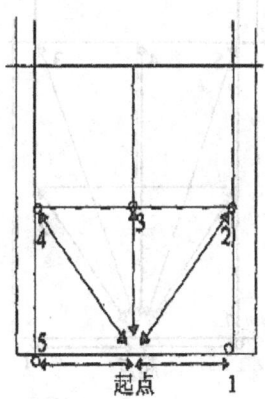

图 4-24 扇形跑练习一

（2）练习二

将 5 个球分别放在 5 个标志点上（分别与底线中点相距 2 米或 3 米），练习者从底线中点开始按一定顺序向 5 个球所在的位置快速往返跑。重复练习（见图 4-25）。

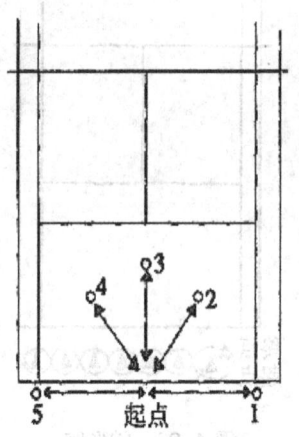

图 4-25 扇形跑练习二

（3）练习三

从起点开始向 7 个位置快速往返跑，跑到球网前时用手触球网后再继续跑（见图 4-26）。

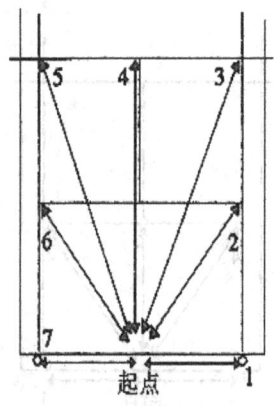

图 4-26 扇形跑练习三

15. 组合冲刺跑

从起点开始向位置 1 侧滑步移动，接着向位置 2 快速跑，然后向位置 3 冲刺跑，再向位置 2 倒退跑，最后向起点位置倒退跳，重复练习（见图 4-27）。

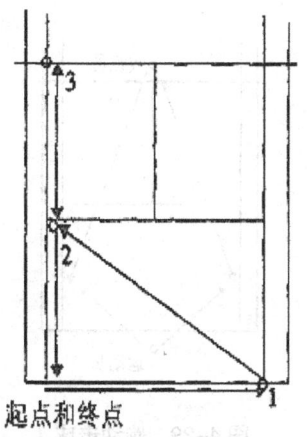

图 4-27 组合冲刺跑

16. "Z"字形跑

先从起点开始向位置 1 侧滑步移动，接着向位置 2 快速前进跑、向位置 3 侧身滑步移动、向位置 4 快速疾跑、向位置 5 侧滑步移动、向位置 6 快速前进跑、向位置 7 侧滑步移动、向位置 8 快速前进跑，最后向位置 1 快速前进跑（此处为终点）。重复练习 6 次，间歇 20 秒时间（见图 4-28）。

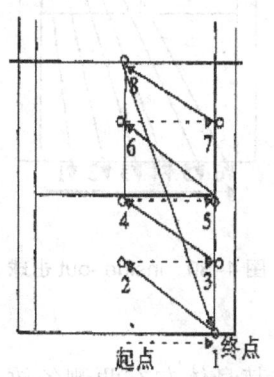

图 4-28 "Z"字形跑

17. 跑动击球

教练在球网后给练习者喂球。练习者身体重心放低，上体正直，在中点标志上快速向侧前方移动，尽量用反弹球或在最高点击球（见图 4-29）。

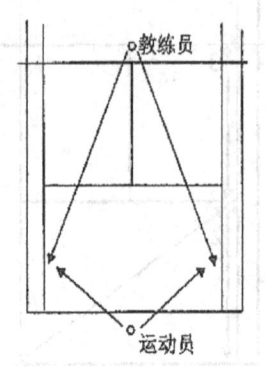

图 4-29 跑动击球

18.inside-out 击球

练习者从右边线向左移动，教练员连续喂球，练习者向目标区域正手击球（见图 4-30）。

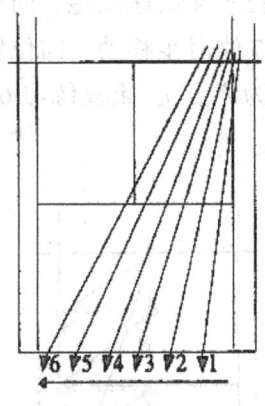

图 4-30 inside-out 击球

19.绕障碍击球

练习者面向球网，在其身体左右两侧各放一个标志物（分别距离练习者 0.5 米），教练员在其身后站立，当练习者做好准备后，教练员发出"白天"或"晚上"的口令，同时喂球。如果是第一个口令，练习者快速向右滑步移动，绕过标志物，反手击球过网，随后还原，继续做好接球准备。如果是第二个口令，则练习者快速向左移动，反手击球过网，随后还原，等待教练员下一口令（见图 4-31）。

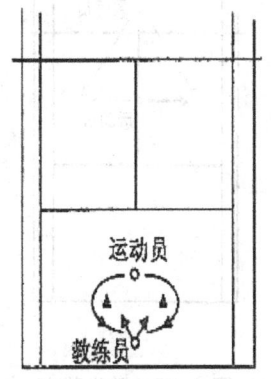

图 4-31 绕障碍击球

20. 正手进攻

教练员向练习者连续抛位置不确定的 5~8 个短球，练习者快速移动到位，正手击球到指定位置（见图 4-32）。

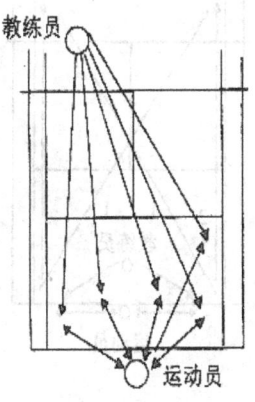

图 4-32 正手进攻

21. 跨步截击

教练员喂球给予自己隔网相对的练习者，对喂球速度、高度和距离进行控制，使练习者只有跃起才能截击球。重复练习 3 组，每组 5~10 次，每组结束后休息 2 分钟（见图 4-33）。

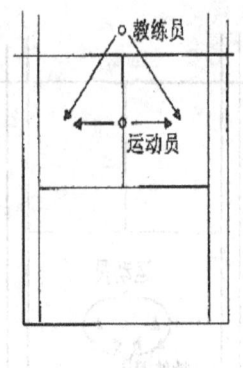

图 4-33　跨步截击

22. 穿越击球

底线前的教练员向底线后的练习者左右两侧抛球。练习者以直线球或斜线球回击，教练员也可以发口令，规定练习者采用哪种击球方式（见图 4-34）。

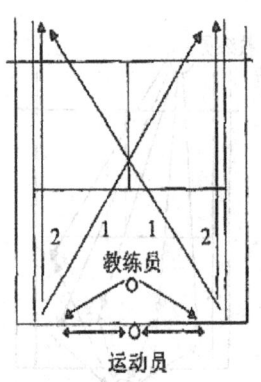

图 4-34　穿越击球

23. 跃起高压练习

练习者与教练员隔网站立。教练员向练习者左右两侧挑高球，要控制好球的高度，使练习者只有向上跃起才能高压击球。规定正手位置和反手位置分别用正手高压和反手高压，并向指定区域击球。重复练习 3 组，每组 5~10 次，每组结束后休息 2 分钟（见图 4-35）。

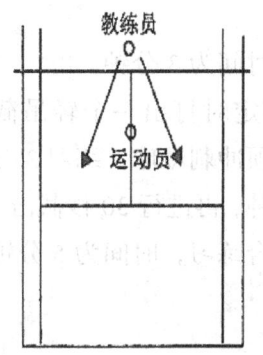

图 4-35 跃起高压练习

24. 网前放小球练习

位于网前位置的教练员向左右方向抛小球，站在发球线前的练习者对抛球方向进行判断，迅速移动到位以回击球（小角度）（见图 4-36、图 4-37）。

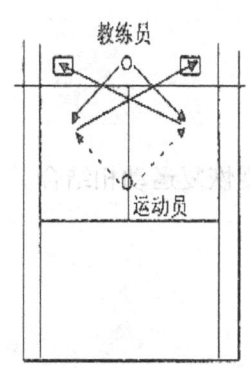

图 4-36 网前放小球练习（一）　　图 4-37 网前放小球练习（二）

三、耐力素质培养方法

（一）有氧耐力练习

1. 法特莱克练习

①在场地上按照口令从一侧移向另一侧，移动 3 分钟。

②绕练习场地慢跑，时间为 5 分钟。

③慢跑 5 分钟，与 10 米后蹬跑结合练习。

④轻跑 5 分钟。

⑤移动对打截击球，时间为 3 分钟。

⑥教练员站在网前不定时打出一个轻吊截击球。练习者移动回击，即使可能够不着球，也必须冲刺救球，练习 3 分钟。

⑦移动对打击球 1 分钟，再进行 30 秒截击＋高压练习。练习 6 分钟。

⑧慢跑与轻快竞走结合练习，时间为 5 分钟。

2. 间歇性练习

（1）场上练习

①在网前的教练员连续向位于底线中点的练习者送斜线球。练习者移动击球后返回原位置，练习 2 分钟，重复 5 次，每次结束后休息 2 分钟。

②在网前的教练员连续给练习者送球，练习者尽可能接每个球，绕场在各点练习。

③在球场上确立 5 个目标区域，教练员给练习者喂球，练习者向目标区域击球，连续 2 分钟。

（2）场外练习

练习一：

① 10 分钟跑，心率 120 次／分钟。

② 5 分钟冲刺，大强度运动与小强度恢复运动相结合。

③上体环绕。

该组动作重复练习 4 次。

练习二：

① 100 米冲刺跑。

② 100 米慢跑。

③ 100 米冲刺跑。

重复该组练习 20—25 分钟。

练习三：

① 30 米冲刺跑。

②连续 10 次跳起摸高。

③ 30 米侧步交叉跑。

④ 30 米变向跑。

⑤ 30 米碎步跑。

⑥ 15 米蛙跳。

⑦ 30 米高抬腿跑。

该组练习持续 30 分钟。

（二）无氧耐力练习

1. 练习一

①俯卧撑练习。

②灵活性往返跑练习。

③从场外返回的练习。

④正手和反手掷球练习。

⑤发球区练习。

⑥滚接球练习。

2. 练习二

①侧步冲刺跑练习。

②迂回练习。

③格拉芙式侧身正手击球练习。

④高压和低截击练习。

⑤"V"字形移动低空截击球练习。

⑥击落地球"V"字形练习。

⑦单双打线区的跳跃练习。

⑧随球上网击球的冲刺。

四、柔韧素质培养方法

（一）静力练习

1. 头前后摆

向下看，下颌朝下，向上看，尽量上提下巴，然后头后仰到极限，慢慢还原。

2. 上下提肩

站姿或坐姿准备姿势，两臂在体侧自然下垂，向上提肩到耳垂高度，持续 7 秒，然后还原，重复练习。

3. 分腿半蹲转肩

两脚左右开立，屈膝外展成半蹲，手扶膝，向左转肩90度，还原后再向右转肩，两侧反复交替练习。要充分转肩。

4. 内收肌水平牵引

站姿或坐姿准备姿势，一手臂搭在一侧肩上，另一手臂推压肘部横向牵引，持续7—10秒，换手臂重复练习。手臂搭在肩上时可伸直，手臂向内转，手心向外，拇指对地面。用手臂推压肘部，牵引肩背，使肩背充分伸展。

5. 三头肌头上伸展

站姿准备姿势，一手臂屈肘，另一只抓住肘部，向内向下拉，直至后臂后侧有明显牵拉感，保持该动作7—10秒。另一侧重复同样的练习。

6. 侧体伸展

两脚左右开立，右臂举过头顶，左手叉在腰侧，腰向左侧弯。持续7秒，换另一侧。两侧交替练习。

7. 上体伸展

双脚左右开立，两手叉腰，身体左转到最大限度，持续7秒。换另一侧练习。

8. 腰脊练习

仰卧姿势，双臂胸前抱膝，持续7秒，重复练习3次。也可以蹲姿进行练习。

9. 腓肠肌练习

两脚前后开立，双手扶固定物，前腿屈膝，牵拉腓肠肌，保持30秒。两侧交替练习。

（二）本体促进练习

①体侧伸展。
②臂肩伸展。
③腰部伸展。
④髋部伸展。
⑤腿腱伸展。
⑥腰部和腿腱伸展。
⑦大腿前肌伸展。

五、灵敏素质培养方法

（一）急停急跑

按信号一边快速跑动，一边做起动、急跑、急停等练习，返回时的移动方式有变向跑、侧身滑步和后退跑。

（二）防竹竿纵跳

同伴手执长竹竿沿地面画圈，练习者一边判断竹竿的方向一边快速跳动，不要让竹竿碰到脚。

（三）蹲撑直腿交换跳

蹲撑准备姿势，两腿交替完成直腿交换跳练习，每组20次，重复3组。

（四）穿腿跳练习

单手抓住异侧脚，另一只脚跳起穿越手脚之间的空当。具体联系方式如下。

①快速跳绳。
②活动的杠铃片练习。
③模仿步法练习。
④屈腿练习。
⑤登台阶和蹬车。
⑥原地跑一跨步。
⑦左右侧跨小栏。
⑧快速跨栏练习。
⑨侧跨步冲刺。
⑩其他蹦跳练习。

六、平衡能力培养方法

（一）腹肌练习

在健身球上仰卧，两脚分开，双手交叉于胸前。身体最大上仰45度。

（二）坐姿转体投球练习

在健身球上坐姿准备，两脚分开，双手持球于体侧，身体侧转，手臂借转体的力给同伴抛球，同伴接球后回抛。

（三）团身练习

双手在地上，手臂伸直支撑身体，踝关节置于健身球上。收腹举腿到胸前位置，保持片刻后，腿向后伸展，恢复准备姿势，左右腿重复交替练习。

（四）单腿支撑

双手各持握一个哑铃，单腿直膝站在平衡球上，身体适当前倾，不在健身球上的腿屈膝上抬，再伸直，身体尽可能保持平衡。重复练习数次后，换另一侧腿继续练习。

（五）单腿斜穿

双手在地上，手臂伸直支撑身体，踝关节置于健身球上。一腿屈膝抬到一侧胸前，保持片刻后还原，重复练习几次后，另一条腿继续进行屈膝斜穿练习。

（六）单脚"T"字跳

在球场上"T"字形状空间内单腿跳，保持身体平衡，两脚交替练习。

（七）左右蹬跳

站在箱子（高、宽分别为20厘米、15厘米）右侧，左脚踏在箱子上，右脚着地。左脚用力蹬踏箱子，身体腾空到达箱子上方，然后右脚留在箱子上，左脚落地，重复练习，速度不断加快。

（八）雁式平衡走

一腿支撑，随着上身向前弯曲，另一腿向后摆动到最大范围，动作缓慢，保持身体平衡。

（九）跪立瑞士球

在瑞士球上保持稳定的跪立姿势，双手侧平举，持续片刻，保持身体处于平衡状态。反复练习。

（十）波速球持药球深蹲

在波速球上双手持药球于胸前，保持放松，目视前方，屈膝缓慢下蹲到大腿平行地位，保持片刻后恢复准备姿势，上身始终保持直立，不要晃动，重复练习。

（十一）波速球上持球绕"8"字

在波速球上站立，双手持球于胸前，屈膝稍蹲，两臂伸直绕"8"字，正绕与反绕，循环练习。身体保持稳定。

（十二）波速球转体砸球

在波速球上稍蹲，双手持球举过头，随着身体的转动（尽可能最大幅度地转体），向左侧或右侧砸球并将反弹起来的球接住。保持身体平衡。

在网球体能课上，可以分别练习力量、速度、耐力、柔韧、灵敏、平衡等各项素质，也可以综合练习以上各种素质，这是身体素质组合动作的练习方法之一，每项动作持续30秒，每个动作结束后休息20秒，然后接着做其他动作，所有动作完成后，休息2分钟，再做一轮，总共练习30—40分钟的时间（见图4-38）。

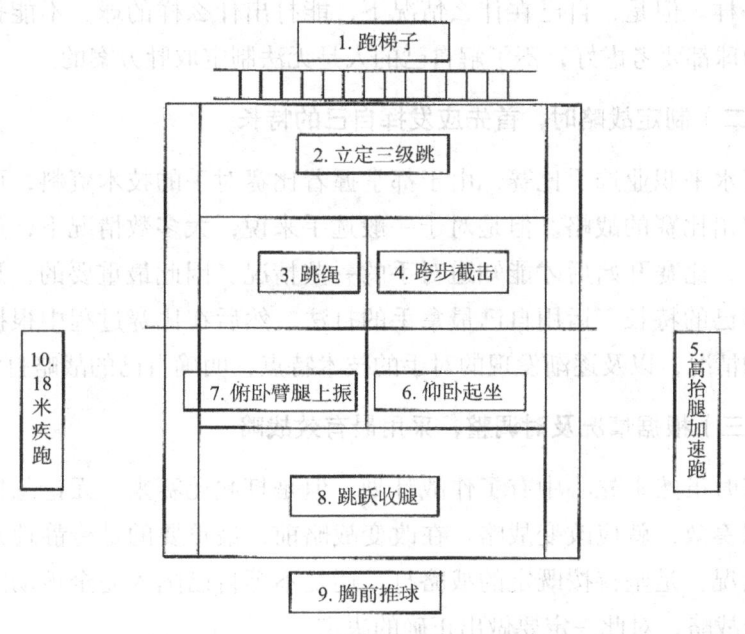

图4-38 身体素质组合动作练习

第三节　网球心理素质训练

一、心理素质战术

（一）充分了解自己的技术水平

比赛中谁都希望发挥出自己拿手的技术，抑制对手的发挥，从而在这个过程中不断得分。

网球得分最好的方法首要条件就是知己。需要了解自己不能做到什么，同时可以做到什么，只有这样才能明确自己什么时候在状态，什么时候不在状态。如果不能充分了解自己，是没办法制定比赛战略的，制定作战策略前把握住自己的水平，给自己定好位最重要。在制定作战策略前，需要对以下三个方面进行明确：一是底线后场打法方面，二是网前截击方面，三是发球与接发球方面，在这三个方面可以打出什么样的球，有什么样的路线？在这个过程中的球速怎么样？这些自己都应十分清楚。如果觉得自己对自己了解得不够清晰，最好听听周围人的评价，如"你网前截击不错""你的球很有韧性"等，也许得到的回答与想象得不大一样。但是，自己在什么情况下，能打出什么样的球、不能打出什么样的球都要考虑好，不了解自己的人是无法制定取胜方案的。

（二）制定战略时，首先应发挥自己的特长

高水平职业选手比赛，由于都掌握着比赛对手的技术资料，可以提前制定出比赛的战略。但是对于一般选手来说，大多数情况下，都不了解对手，比赛开始后才能知道对手的一些情况。因此最重要的，是首先发挥自己的特长，运用自己最拿手的打法，然后在比赛过程中根据自己发挥的情况，以及逐渐发现的对手的技术特点，明确自己的战略打法。

（三）根据情况及时调整，采用最有效战略

有时虽然事先心中有了作战计划，但是打起比赛来，无论怎样努力也难以奏效，就应改变战略。在改变战略前，最重要的是冷静地判断当时的情况，是坚持按既定的战略打，还是不等自己陷入完全被动之前尽早改变战略，对此一定要做出正确的决定。

如果自己的战略实施效果大体上仍然处于对手之上，那么此时应坚

定信心按原计划比赛，即使是对手使出相应的变化手段，也应按原来的打法继续下去，相反，当自己的战略成功率低的时候，必须果断地改变。

（四）增加打法变化，丰富战略计划

凡是战略计划丰富的选手，其战术能力也很强，遇到什么对手都可以准备好有效的战略方针进行比赛。

我国优秀网球运动员就有不少人是经过两次或多次改变和重新确定打法的。实践证明，只要改变得当，对运动员成材年限并无多大不利影响，对攀登技术高峰更有积极的作用。但是，盲目、轻率地改变打法，将导致运动员多走弯路，前后技术动作相互干扰，产生负迁移，新换的打法迟迟不能达到较高水准，这显然是不可取的。因此在实施改变运动员打法的具体操作时，尤其要持慎重态度，要经过长时间的观察、分析和进行正、反两方面的详尽论证，方可下决心帮助运动员改变打法。

作者认为，一般出现下列情况时可考虑改变原有打法：（1）原打法与运动员的身体、性格特点明显不相适应；（2）实践反复证明运动员继续持原打法已很难攀登高峰；（3）技术掌握的情况更适合向别的方向发展。

在确定运动员改变打法时，有一个比较复杂的问题是运动员改变成绩和所持打法的关系，当运动员的成绩长时间停滞的时候，原因很多，不一定是打法的问题，因此，还需仔细地鉴别。

在改变打法时，工作一定要做细，首先，在决定时，一定要看准，要经过比较科学的论证。进行全面的对比、利弊分析、可行性分析。在比较客观的基础上再下决心。当确定需要改变打法时，要明白改变打法的原因，讲明技术发展的前途和确定打法的具体办法，增强信心，提高勇气。同时也要克服困难，符合具体明确的训练要求。

在运动员改变打法时，要制定可行计划，特别要预计到可能出现的问题。如技术水平下降、对新打法、技术不适应掌握等等。对此，应尽可能事先制定办法和措施，防止和克服改变打法而产生的连锁反应。在训练过程中，一段时期应重点指导和帮助重新确定打法的运动员，使他们得到实际的帮助，从而增强信心，加速新技术的掌握。在运动员掌握重新确立打法的一段时间内，一般不安排运动员参加比赛，当运动员初步掌握了新打法时，比赛的对手，难度等也应逐渐提高。

单打比赛是孤独之战，比赛中不可能得到任何人的提示和指导，必须依靠自己一个人去思考、比赛。为了防止比赛中发生不知所措的情况，要事先做好各种充分的准备，其中更重要的是积累比赛经验。

希望大家在比赛中学到更多的东西，胜也好，败也好，都把它当成财富，这是再次挑战的本钱，也可以使人做到不重复同样的失败。比如：比赛中对手使用奇袭战术而使自己受到打击，那么下次比赛就让这些战术成为自己的手段；自己在比赛中坚持既定战略方针有些过了头，那么下次比赛就一定不放过改变战略的时机。

就眼前的比赛来说，必须在自己技术可能的范围内制定战略，但是实际上网球的乐趣是在于不断地扩大自己技术能力范围，永远追求进步，保持向前看的姿态，这样水平肯定能不断提高。

二、心理素质训练

网球比赛时运动员的心理状态在各个阶段是不同的，可分为赛前准备和赛中心理状态，不同状态下心理素质训练的方法主要包括以下内容。

（一）赛前与赛中心理素质的训练

1. 赛前心理素质的训练

（1）消除紧张情绪，思想放松

适当的紧张可提高运动员比赛的兴奋度，但要注意紧张的度，不要过分紧张。要记住对手其实也很紧张，以积极淡定的心态面对对手，就可克服自己紧张的情绪。

比赛前要做好充分的准备活动，有利于放松心情并使肌肉发热，缓解赛前紧张情绪。在网球比赛之前，比赛者要尽可能选择一些与网球比赛无关的活动。比如，读小说、看电视、听广播、与他人聊天等，这些都是可以使比赛者在赛前消除紧张的好办法。比赛者在上场时应该保持饱满的情绪和精神状态。

（2）观察对手

在准备的时候，需要对对手的一举一动进行观察，这是一个特别好的时机，可以发现对手的优点和弱点。虽然在进行准备活动的时候，时间很短，对对手的情况不能进行深入详细的了解，但还是可以辨析出一些对比赛有用的信息。在对手进行准备活动的时候，如果对手有很多的正手失误球，可以判断一下对手的弱点是不是正手。在练习高压球时，对手如果每一个高压球都落在了同一个点上，也是非常值得注意的点。

2. 赛中心理素质的训练

（1）集中精神

比赛开始时，要将一切注意力放到比赛上。时刻注意球、场地和比分的变化；注意对手的优点和弱点；排除内外干扰。在比赛的时候当一些记忆、思想、注意力、情绪等方面因素来干扰精神思想的时候，要立刻阻止思考这些事情，将全部的精力投入到比赛之中。如果丢了分也不要受这一分的影响，要重新集中精力，争取下一分。

（2）培养自信心

无论是在比赛中还是训练的时候，都要始终相信自己，信心十足地去参加比赛和训练。充足的自信心会有利于在比赛场上发挥出最佳的技战术水平。

（3）量力而行

量力而行是打好比赛的关键，不要因客观局势的改变做无谓的努力。如果基本上是一名底线型打法的运动员，就不要突然成为一名发球后上网截击空中球的运动员；反之也是如此。有些时候运用一些不是自己所擅长的打法，也会起到意想不到的效果。如不是一名发球后上网截击空中球的选手，在发现自己处于被进攻的劣势时，也可以运用发球后截击的战术，可能会起到好的作用。总之，运动员要努力分析自己的优点和缺点，在比赛中能根据自己的状态和技术打球，做到量力而行。

（4）决胜局时的心理

决胜局打好的关键在于不要紧张，要集中注意力。在决胜局中的每一分都是至关重要的，因为在决胜局中要赢得7分，并且需要战胜对手2分才可以获得该局胜利。在网球决胜局中，发球占有一定的优势，因此需要保证在发球的时候获得1分。在对手发球的时候要争取主动，破对手的发球，让自己处于一种有利的局面。如果在决胜局出现落后的局面也不用泄气，要想反败为胜也就是获得一两分而已，因此不要对自身的打法做太多的改变。如果预测对手在决胜局的时候会发挥超常，会使用一些特殊的打法，也需要提前做好心理建设，针对各种情况提前做好准备，可以使用一些更加强有力的、较为特别的打法。如果对手打出比自己好的击球或是打出特别好的一局使自己失利，要敢于承认，但只要顽强地顶住压力，就会有获胜的希望。

(5) 关键比分时的心理

① "第一分球"的打法。在网球比赛中，对于第一分球采取什么样的打法是非常重要的。因此，要注意在最开始就形成正确的比赛习惯，养成正确的第一分球的习惯打法。在对手发球的时候，要尽可能地破发，以动摇对手的信心。在比赛中不管是发球还是接发球，第一分都是至关重要的一分，要做好充分的心理准备。如果获得了第一分，那么这一局获胜的可能性就会增大一些。因此，网球运动者应该重视第一分球，打好第一分球。

② "30 比 30"的打法。网球比赛中，30 比 30 的比分是非常常见的，这个时候比赛双方的心里都会多少有点紧张。优秀网球选手在出现 30 比 30 的比分时会鼓励自己接发球不失误并力争赢得这一分。因为如果首先赢得一分就会打破比赛的均势，在心理上占据比较大的优势。如果 30 比 30 是己方发球，要做到一发落在界内，而且不要做出不同的发球动作，要坚持自己正常的技战术打法。

③ "30 比 40"的打法。30 比 40 是一个关键的比分，意味着再得一分就会取得本局或者本盘的胜利。如果局面是自己处于接发球的位置，那么要想摆脱落后的局面，需要努力破发球。很多运动员迫于心理压力，急于将比分扳平而采取不同以往的技战术打法，因此会发生不必要的失误，这个时候应该坚持可以打破比分的相同接发球。比赛中，击球一定要有目标，如果对手将球发到正手就需要打斜线，要是发到反手就需要打直线。如果出现接发球效果不好的情况，可以偶尔试一下高球，也可以试一试打不同球。如果在 30 比 40 时是自己的发球局，那么要坚持自己的战术和打法，不用随意改变。对于底线打法的运动员应该在发球的时候采取中速发球，争取在底线得分；对于发球上网的运动员，在发球后应该争取主动，进入场内。

④ "40 比 30"的打法。40 比 30 己方发球时，不要因急于拿下比赛而产生冲动心理。这时可以采取混合发球的打法，给对手施加压力。另外，对比分也不要想得太多，在进入赛场时就要决定打法，这样在比分出现时就知道怎样去控制比赛。

(6) 比分领先与落后时的心理。当比分出现领先的时候，不能产生保守的心理，即想要保持领先，这样就会很容易出现紧张的心理导致击球失误。正确的心理应该是一局只有 4 分，要一分分地去拿，这样就不会产生保住领先的保守思想。当处于领先的时候，要与之前保持一样的打法，不能随意地改变比赛的节奏，去猛冲猛打，越想尽快结束比赛来赢得胜利，越容易出现失误情况，造成失分。

在面对比分落后的时候，可以调整自己的心态。比如，在2比5落后时可以这样想，虽然比分落后，但主要是一个接发球局得分的问题，只需要在发球局拿下一分，并且在下局的接发球得分后再得一分就可以扳平比分，成为5比5。如果没有在发球局扳回比分，比分变为2比6，那么就必须在下一局尽力追平比分。

（二）几种网球心理素质训练的方法

1. 暗示训练法

（1）暗示训练法的含义

所谓的暗示训练，也被称为自我暗示训练，主要指的是通过言语刺激来影响人的心理，进而来控制行为的一个过程。心理学研究，自我暗示可以帮助运动员提高自身运动技术和运动动作的成功率和稳定性，如网球运动员在接发球时，信心十足，握拍、挥拍技术动作流畅连贯。具有好的自我暗示，往往就会取得比较理想的结果。

人可以在任何一种情况下，通过语言这一途径接受暗示和进行自我暗示。言语可以代表外在、内在环境以及一切事物和现象，通过语言来调节人的认知、意志、情感，可以对人的情绪、心境、信心、意志进行调节，以此来改变内脏活动，对体温进行调节和控制，可以实现对新陈代谢过程的调节。在通常的情况下，内脏活动很难进行控制，只有在生物反馈练习中，通过对中枢神经系统的言语刺激加上内脏活动的及时反馈实现对内脏活动的调节和控制。

（2）暗示训练法的运用

对于暗示训练而言，主要有以下五个重要步骤。

①在一定程度上，语言对情感和行为可以起到决定作用，作为运动员应该对这一点进行明确认识和理解。在网球教学训练中，教师通过一定的语言引导，可使学生对网球学习产生极大乐趣，所以高校网球教师要充分利用好这一点。

②确定网球运动中经常出现的消极想法并加以更深的认识。在网球比赛中，经常会遇到突发状况或者不利于自己的局面，这时运动员就会

出现消极想法,这是正常现象。所采取的措施就是要针对这种消极想法采取积极的措施加以消除,运用好自我暗示,增强自信心,力争打好接下来的每一分球。高校教师在网球教学时也要找出学生的消极想法并予以消除。

③确定取代这种消极想法的积极提示语。运动员可以在卡片上写上各个步骤的内容,每一张卡片只有一个内容,有多少消极的内容和心理就写相应数量的卡片。在卡片的正面是所表现出的消极想法,在卡片的背面对这种消极的想法进行剖析,思考自己对此消极想法的认识,在最下方写上应对消极想法的积极提示语。

填写卡片时要注意以下几点。

第一,训练和比赛时要多考虑比赛的过程,少考虑结果。在比赛过程中常运用的提示语有发球的落点、打旋转球、发球上网、打快球等;结果性的提示语有胜利、赢得本局或本盘等。

第二,第二个步骤标志着人的整体思维方式和行为习惯的基础,应认真填写。

第三,所写的提示语要具有针对性,要具体化,所使用的词汇应该是积极的词汇。

第四,当遇到问题的时候,如果产生了消极的想法就需要及时地采取措施加以消除,如果没有,就不需要非得找到一个消极想法。

第五,对提示语不断重复,对于重复的时间可以视具体的情况而定。

第六,不断重复和定时检查,可以在生活中举一反三,面对困难要积极解决,乐观面对。

2. 模拟训练法

(1) 模拟训练的含义

所谓的模拟训练,指的是针对比赛中可能出现的情况和可能遇到的问题进行反复练习的模拟实战,模拟训练的主要目的在于使运动员可以应对各种比赛条件,在不同的比赛情境中保证战术水平可以得到有效发挥。

适应是模拟训练的核心思想,模拟训练的主要作用在于培养运动员适应不同比赛的能力,帮助运动员在头脑中建立起科学合理的动力定型结构,保证在不断变化的比赛中正常发挥自身的战术水平。

模拟训练主要分为两大类,一是实景模拟,二是语言、图像模拟。

①实景模拟。所谓的实景模拟主要指的是运动员在设置好的条件和情境下进行训练，主要包括：模拟对手可能采用的技术、使用的战术；比赛中可能会出现的一些意外情况，如场地、天气、观众的行为等方面的问题。

②语言、图像模拟。所谓的语言、图像的模拟主要指的是利用语言和图像对比赛的情境进行描述。比如，对裁判误判的描述、对自身和对手行为的描述。可以通过录像、录音和电影等形式对对手的特征进行描述，营造比赛的氛围，帮助运动员适应比赛的情境。

（2）模拟训练的方法

运用模拟训练方法时，要将运动员本身的特点同比赛的具体实际情况相结合，以下是几种常用的模拟训练方法。

①不同比赛对手的模拟。不同的对手都有不同的技战术特点、比赛风格等，在训练时，可以让队友扮演对手进行各种活动，以更深入地了解对手的特征，演习各种有效的对策，从而为正式比赛打下良好的基础。

②错判与误判模拟。网球比赛中时常会遇到错判与误判，这是正常的，通过在训练中对错判与误判的模拟，可以帮助运动员将精力集中在自己技战术水平的充分发挥上，而忽略错判、误判这些难以控制的事情对自己的影响。

③模拟观众对比赛的影响。网球是一项"绅士运动"，但在比赛时，现场也会出现激烈的加油声与非常激烈的表情和动作，这些会对运动员造成非常大的干扰，形成很大的压力。在这样的情况下，任何运动员都会感到激动和紧张，通过在模拟训练中组织一些观众，有意识地给运动员制造一定的困难，有助于减少运动员在实际比赛时的应激反应，有助于运动员对比赛的掌控。

3. 表象训练法

（1）表象训练的含义

所谓的表象训练，主要指的是头脑在暗示语的指导下对某种运动动作或者情景进行反复想象，以此来提高运动的战术能力和水平的过程，是心理技能训练中的核心环节。进行表象训练主要有如下作用：一是对正确动作的动力定型进行建立和巩固；二是加快对动作的熟练程度；三是加深对动作的记忆；四是对于运动员进行成功的动作表象的体验可以起到动员的作用；五是坚定运动员必胜的信心和信念，帮助运动员达到最佳的竞技状态等。

表象训练的主要依据是念动现象以及心理神经肌肉的有关理论。念动是指当产生一种动作表象时，总会引起神经冲动，这时大脑的神经中枢就会兴奋，这种兴奋会引起相应肌肉进行难以察觉的动作。心理神经肌肉理论认为，在人脑中，运动中枢与骨骼肌之间存在一种双向的神经联系，当人主动想象自己在做一项动作的时候，就会引起相关的运动中枢神经兴奋，这种兴奋会经过神经传导至相关的肌肉，引起一些很难察觉的运动动作。

（2）表象训练法的运用

①建立动觉表象。只有经过一定的步骤和遵循一定的规律才能建立动觉表象。第一，在教授新动作的时候，网球教师需要进行正确的示范，只有这样运动员才能对完整的动作形象进行感知；第二，鼓励运动员对示范动作进行想象，从而建立起比较清晰和明确的视觉表象；第三，运动员通过实际的动作进行练习，从而对运动动作的肌肉运动表象进行完善。视觉表象与运动表象这二者之间有着非常紧密的联系，运动表象的前提是视觉表象，运动动作由运动表象来进行指导。在进行教学的时候，网球教师应该重点关注和提高学生学习相关技术动作的动觉表象，这需要以视觉表象为基础。为了使视觉表象的质量得到提高，学生可以使用不用的器械进行练习，对完整的动作进行分解，分成几个部分分别进行，以此为基础建立分化知觉，使之成为动觉表象的基础。

②运用语言提示。在形成和完善动作表象的过程中，语言在其中起到了强化和集中的作用。网球教师在进行教学的过程中要选择尽可能简练的语言对技术动作的重要特点进行说明，并且要求学生使用同样的语言记忆，通过语言来加深和巩固动作表象。

第五章　高校网球文化建设的教学实践

　　网球运动技术与战术是网球区别于其他运动项目的最重要特征。不仅如此，对网球技术与战术的掌握程度也在很大程度上决定了比赛的走势。网球属于小球类运动项目，这就使得其球体不论是在线路、弧线还是旋转等方面都表现出较为复杂的性质。因此，要想顺利掌握网球运动技术与战术，对其技术与战术理论和实践学练都要予以重视。本章主要对这些内容进行论述。

第一节　网球运动技术基础理论

一、击球技术原理

（一）击球技术的动作结构

网球击球的技术动作是多种多样的，尽管方法要领各有不同，但在击球动作的结构方面却有共同的规律。击球动作一般由以下 4 部分组成。

1. 后引球拍

后引球拍是把球拍拉向身后，准备击球。这个动作除握拍需要用力外，身体其他部位应保持放松，肌肉不要过于紧张，特别是肩部。从自然放松状态转向集中全力于球拍触球的一瞬间，这种发力方法所获得的击球效果最佳，这和鞭打的动作极其相似。要注意球拍不能拉得太后，应伴随身体扭转的动作将球拍后引。后引球拍可采用直接向后引拍、小回环引拍和大回环引拍。现代的网球技术以争取速度为主，若球拍向后摆动过大，势必影响向前挥拍击球的速度。

2. 向前挥拍

向前挥拍是把引向身后的球拍，从后向前挥动去迎击来球。

3. 球拍触球

球拍触球是指球拍击中来球的瞬间。为了克制来球的撞击力，应牢牢固定球拍击球时的拍面，这时如果球拍的角度稍有变化，使拍面晃动，就会引起较大的误差。初学者由于击球瞬间球拍握得不牢，经常会出现击球不稳或击球失误现象，应引起重视。使还击的球旋转，也是在向前挥拍与触球这段过程中形成的。球拍从后下向前上挥动，还击的球具有上旋性质；球拍从后上向前下挥动，还击的球具有下旋性质；向侧上挥拍，使还击的球具有侧上旋性质；向侧下挥拍，使还击的球具有侧下旋性质。球拍触球时，拍面所指的方向决定击球路线，拍面角度决定触球部位，并直接影响动作的准确性。

4. 随球挥拍

随球挥拍是指球拍击球后有一段随球前挥的动作。这一动作有利于增大击球的力量，更好地控制球，并在击球的结束阶段，保证击球动作的准确性、协调性和完整性，该动作也称为随挥。

（二）击球点与挥拍方向

在网球比赛中，击球点的位置决定了击球瞬间的挥拍方向。为了更好地提供较长的挥拍轨迹和易于掌握击球的时机，现在网球选手在运用网球技术时都要求将击球点保持在身体的侧前方，这样易于挥拍和发力，但不易打出直线球。球选手可以采取以下方法打直线球：一是通过改变手腕的屈伸程度来改变拍形，从而使拍面在身体侧前方指向直线；二是调整挥拍的轨迹，向直线方向发力挥拍，使在身体侧前方挥拍方向仍旧能指向直线。

控制好击出球的方向，一般主要采取以下几种方法。

①挥拍方向越超前或拍面仰角越小，击出球的飞行弧度越平。

②挥拍方向越朝上或拍面仰角越大，击出球的飞行弧度越高。

③挥拍方向越向右、击球时机越晚或手腕屈伸程度越大，击出球的飞行方向越偏右。

④挥拍方向越朝左，击球时机越早或手腕屈伸的程度越大，击出球的飞行方向越偏左。

（三）击球点与球的性能

在网球比赛中，击球点的选择对网球的发球和回球质量的好坏具有至关重要的作用。

在击底线球时，击球点的高度应与膝关节保持同等高度，但是也有例外，如反弹较高的上旋球不可避免地会使击球点高于肩膀；而反弹较低的下旋球则往往使击球点在膝关节的左右两边。然而，在击球时还是会发生各种各样的问题，如当击球点过高时，某些握拍法的击球就要非常讲究，否则其击球就会较为困难；当击球点较低时，为了避免击球下网，拍面尽量不要与地面保持垂直。

（四）击球部位与拍面角度

击球部位指拍与球撞击时，拍面碰撞击球的位置。拍面角度指击球时拍面与地面形成的角度。球的后半部是拍撞击球的有效部位。将球的后半部的球体，从纵向分为上、中、下，从横向分为左、中、右。这样一来，在后半部球体的凸面上，即可分为9个部位，也就是左上、中上、右上；左中、正中、右中；左下、中下、右下。击球时，拍面角度不同，触球的部位就有所不同；触球部位不同，击出球的飞行轨迹也就有所不同。击球时选择好拍与球的撞击部位，有助于掌握好还击球的方向。

拍面垂直：指拍面与地面的角度为 90 度，击球部位为中部。

拍面稍前倾：指拍面与地面的角度略小于 90 度，击球部位为中上部偏中部位。

拍面前倾：指拍面与地面的角度小于 90 度，击球部位为中上部偏上部位。

拍面稍后仰：指拍面与地面的角度略大于 90 度，击球部位为中下部偏中部位。

拍面后仰：指拍面与地面的角度大于 90 度，击球部位为中下部偏下部位。

拍面向上：指拍面与地面的角度接近 180 度，击球部位为球的下部偏底部部位。

拍面向下：指拍面与地面的角度接近 180 度，击球部位为球的上部偏顶部部位。

因为使球产生旋转的主要原因是在击球时使作用力线偏离球心，这就要求击球的瞬间采用不同的拍面角度和挥拍方向。平击球一般要求拍面垂直，并向前挥拍；上旋球要求拍面前倾，并向前上挥拍；下旋球要求拍面后仰，并向前下挥拍；如果拍面垂直并向下挥拍，也可削出下旋球；如果拍面垂直并向上挥拍，也可拉出上旋球（见图 5-1）。

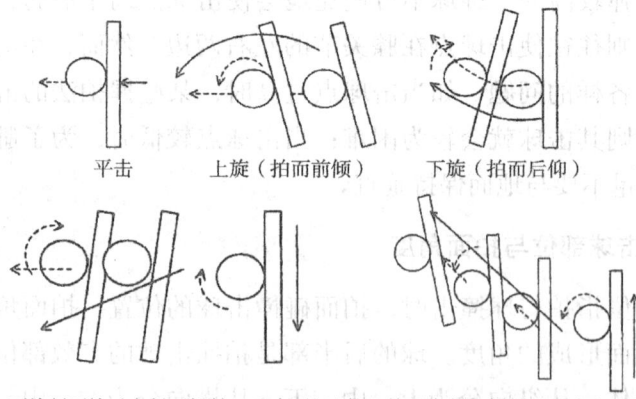

图 5-1 击球部位与拍面角度示意图

（五）击球技术的方向判断

准备击球时，击球看的眼睛必须看清它的飞行路线、速度、飞越过网的高度和它落地反弹的跳动。注视来球特别要注意球离开对手球拍瞬间球的飞行方向。只有准确判断，才能及时移动到位。击球者对来球判断越清楚，就越有可能根据需要用拍面的中部准确撞击球。因此，在反复击球的动作过程中，要学会及时转移视线，在自己完成击球动作并等待对手还击时，应重点观察对手。

二、网球的打法原理

无论是在快速球场（草地、水泥地等），还是在慢速球场（沙土地等）比赛，也无论运动员技术水平高低、打法如何，在比赛中，决定运动员胜负的最基本打法主要有以下三种。

（一）打球速度

打球速度是指网球运动中的反应、判断，移动和击球动作速度。当对手场上出现空当时，运动员可把握时机凭借打出球的角度或击球力量创造得分机会。速度快的运动员会得心应手地将球适时还击，在速度上取胜对手。比赛时，手可使用截击球还击截击球回球速度最快，威胁性也最大。如无法打出截击球，则回击落地球时，应尽快提高挥拍速度，以增大击球爆发力。另外，压低球飞行的弧线，缩短球在空中飞行的时间，也能使回球速度加快。加强专项速度素质的训练，有助于提高反应，判断和移动速度。

一般而言，优秀的网球运动员上网速度快，击球速度高，爆发力强，移动步法灵活，不仅能迅速跑到击球位置，而且能够及时或者提前到位。

（二）大角度球

大角度球，是指击球人与接球人连线与接球人两侧的夹角。如果以击球点与接球人所构成的直线为0度，那么，向左侧和向右侧展开的平面越大，则角度也越大。一般来说，离接球人身体两侧越远的角度越大，越具有威胁性。大角度球就是尽量扩大击球点至落点与击球点至接球人之间所形成的角度，使击球后球行进线路远离接球人。

大角度球能调动对手，特别是能将对手拉出场外，使场上出现空当，继而击球得分；大角度球有时也可以直接得分，特别是在破网技术中运用效果更佳；大角度球还可迫使接球人在移动中回击球，降低了回击球的质量，而且还可以消耗对手体力，使动作的准确性降低。另外，大角度球还可以减少自己回场地中部的跑动距离。

（三）打球深度

打球深度是指网球运动员击球过网落在场内，其球的落点距对手底线远近的程度。距底线越近，即打球深，距底线远，即打球浅。把球打深能使自己有充裕的时间对来球做还击的准备。球飞行距离长，容易争取时间做出下一次击球的反应，是使自己摆脱被动争取主动的一个好办法。把球打深可以阻止对手上网，因为对手从底线击球以后，再跑到网前，奔跑距离长，很难上网进行截击；把球打深还可以缩小对手回球的角度。如果对手从底线中间击球，回过来的球角度小，一般移动 2—3 步即可还击；如果对手从中场中间还击，回过来的球则角度较大，需要移动 5—7 步才能还击；若对手在网前击球，那么回球角度就很大，需要移动 8—11 步才能还击，难度逐渐加大。

如果俯视还击球（见图 5-2），在网前中间还击角度为 64 度（左右各 32 度），在中场还击角度为 46 度（左右各 23 度），而在后场还击对手打来的深度球，还击角度仅为 30 度（左右各 15 度）。把球打深，不言而喻对缩小对手回球角度是十分有利的。总之，打深度球能使自己有充裕的时间对来球做还击的准备，使对手左右跑动难以上网，从而给自己创造上网进攻机会。

值得注意的是，网球比赛中三种基本打法的结合运用，即"深度球+角度球""深度球+速度球""角度球+速度球""深度球+角度球+速度球"，更能发挥击球威力，取得比赛主动，从而能占据场上优势。

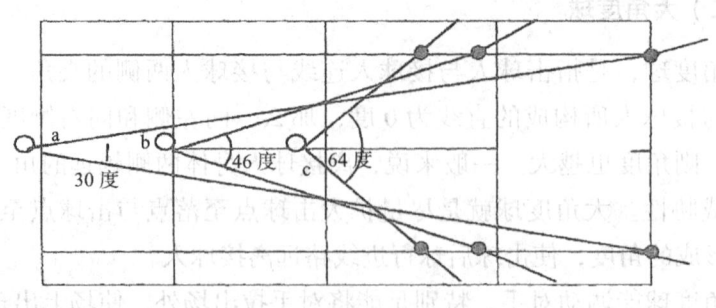

图 5-2　打球深度示意图

三、网球的旋转原理

为了战胜对手，现代网球技术中网球的旋转越来越引起重视，还击球的旋转强度不断增加，旋转的性质更加复杂，旋转的变化也越来越大。因此，了解网球的旋转性能，对于提高网球技战术水平具有重要的影响。

（一）网球旋转的原因

网球产生旋转的原因是挥拍击球时作用力不通过球心，球就会产生旋转。如果击球时作用力通过球心，球只产生平动而不会转动。但在实际击球时，运动员每击一球，作用力或多或少都会偏离球心而产生一定程度的旋转。

（二）网球的基本旋转轴

网球本身是一个无固定旋转轴的物体，但当它旋转起来就自然产生了旋转轴。球旋转的种类很多，其旋转轴也是多变的，以下是对几种最常见旋转轴的分析。

1. 上下轴（竖轴）

上下轴是通过球心与地面相垂直的轴。球绕此轴旋转为侧旋球。根据击球者的方位，击球时，以球拍触球的某一点为基准，向左旋转为左侧旋球；向右旋转为右侧旋球（见图5-3）。

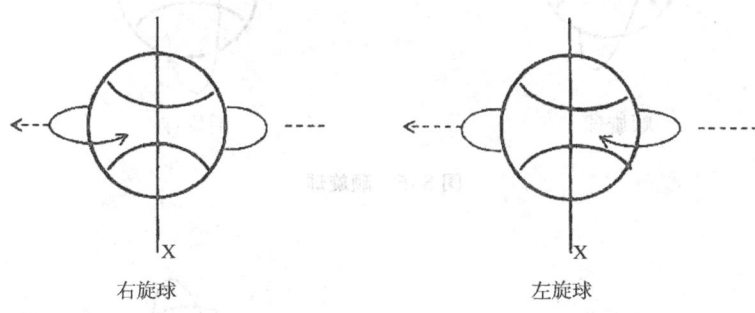

图 5-3 上下轴（竖轴）

2. 左右轴（横轴）

左右轴是通过球心与网球飞行方向垂直的轴。球的上半部绕此轴向前旋转，即为上旋球。球的上半部绕此轴向后旋转，即为下旋球（见图5-4）。

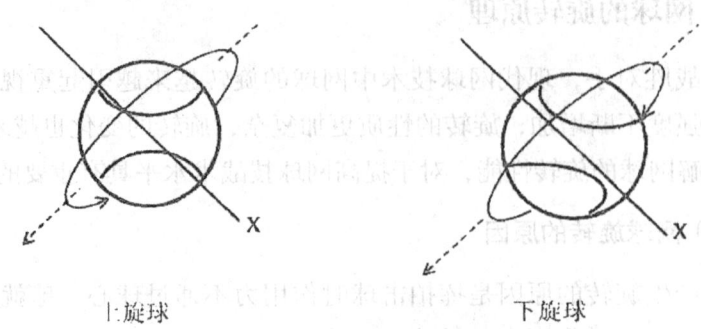

图 5-4　左右轴（横轴）

3. 矢状轴（前后轴）

矢状轴是通过球心与网球飞行方向相平行的轴。球绕此轴按顺时针方向旋转为顺旋球，球绕此轴按逆时针方向旋转为逆旋球（见图5-5）。在运动实践中，单纯地按横轴、竖轴、矢状轴旋转的球是很少见的，大多数情况，上下旋球都带有侧旋性质，侧旋球也都带有上下旋的性质，如侧上旋球和侧下旋球（见图5-6）。

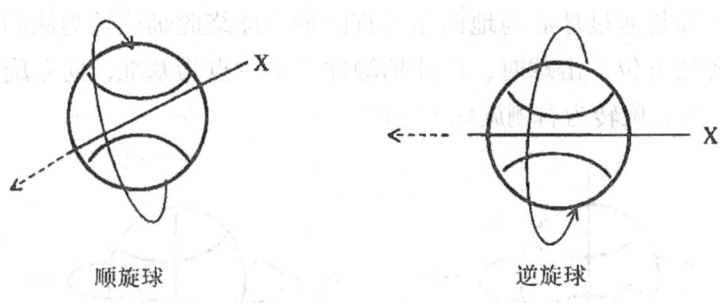

图 5-5　顺旋球

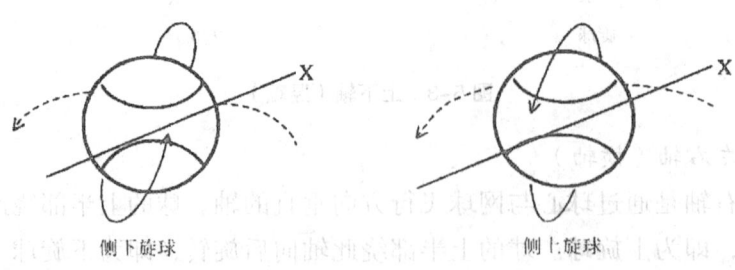

图 5-6　侧下旋球和侧上旋球

（三）网球的旋转特性

1. 上旋球

上旋球是绕左右轴（横轴）向前旋转的。球在旋转时，带动球体周围的空气一起旋转。当球向前飞行时，球体上沿旋转的气流受到迎面空气的阻力，因而降低流速；球体下沿的气流与迎面空气阻力的方向相同，因而加快了流速。这样上旋球的上沿空气压强大，下沿压强小（见图 5-7）。因此，在相同条件下的上旋球比不旋转球的飞行弧线要陡一些，就是说下落速度比不旋转球要快，上旋越强则越能显示出来。

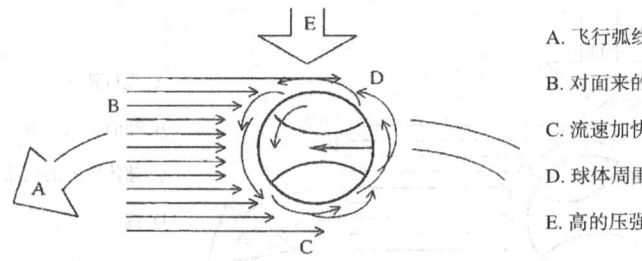

A. 飞行弧线；

B. 对面来的气流；

C. 流速加快；

D. 球体周围的气流；

E. 高的压强

图 5-7　上旋球

2. 下旋球

下旋球绕左右轴（横轴）向后旋转，与上旋球相反。当球向前飞行时，球体下沿空气流速慢，压强大；球体上沿空气流速快，压强小，于是空气给球体一个浮举力。因此，在相同条件下，下旋球飞行弧线比不转球要平直一些，下落速度也比不旋转球要慢些，下旋越强则越能显示出来（见图 5-8）。下旋球落地后，与上旋球相反，反弹较高，而前冲力弱。如果下旋很强，而球本身前进推动力小，即地面给予球的向后反作用力大于前冲力时，球落地后则出现回跳现象。

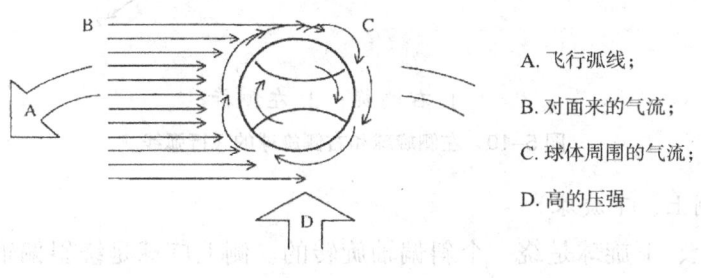

A. 飞行弧线；

B. 对面来的气流；

C. 球体周围的气流；

D. 高的压强

图 5-8　下旋球

3. 左、右侧旋球

根据绕上下轴（竖轴）旋转的原理，左侧旋转球旋转飞行时，球体左侧转着的气流受到迎面空气的阻力，因而流速慢，而球体右侧的气流与迎面空气阻力的方向相同，因而流速加快。左侧旋球的左侧空气压强大，右侧压强小（见图 5-9）。因此，左侧旋球的飞行弧线向右偏拐；而右侧旋球的飞行弧线正好与左侧旋球相反，向左偏拐（见图 5-10）。侧旋球落地后不因左右侧旋而变化其对地面的作用力，所以落地后其飞行弧线按照原来的方向顺势继续偏拐。

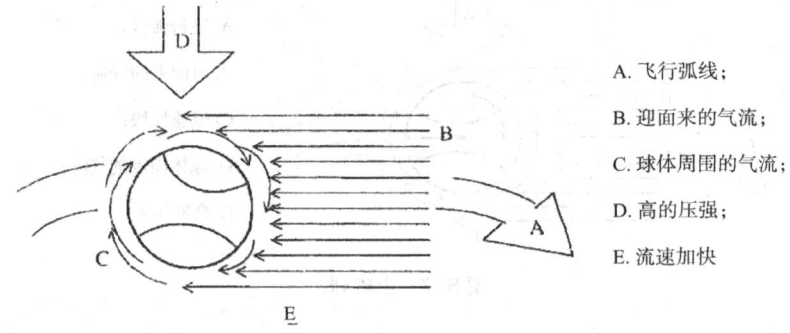

A. 飞行弧线；
B. 迎面来的气流；
C. 球体周围的气流；
D. 高的压强；
E. 流速加快

图 5-9　左、右侧旋球

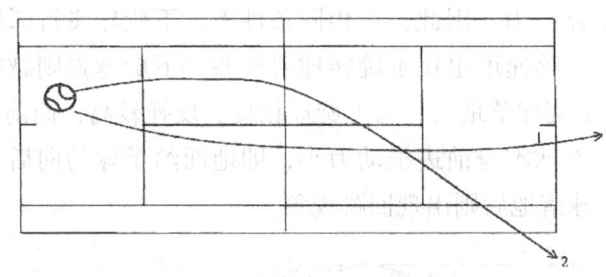

1. 右侧旋；2. 左侧旋。

图 5-10　左侧旋球和右侧旋球的飞行弧线

4. 侧上、下旋球

侧上、下旋球是绕一个斜偏轴旋转的。侧上旋球是绕斜偏轴向左前上方或右前上方旋轴旋转的（见图 5-11）。由于它具有侧上旋的性质，因而在飞行过程中球略向左侧或右侧斜偏，落地反弹后，有偏向左前或右前的前冲力。侧上旋球用于发球，可以使接球者被拉出场外或直接得分，在网前使用也有较好的效果，底线拉上旋球有时也可略带侧旋性。

侧下旋球是绕斜偏轴向左后下方或右后下方旋转的（见图 5-12）。由于它的侧下旋性质，飞行期间的弧线偏向左侧或右侧，在球落地反弹后，略向左上或右上弹跳，球的前进力小，速度减慢，跳得略高。发球时，采用发侧下旋球可提高发球的稳定性。

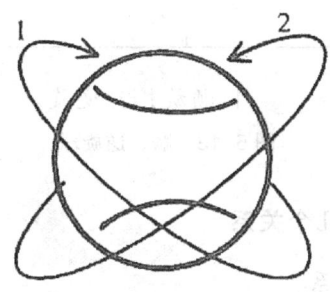

1. 左侧上旋球；2. 右侧上旋球。

图 5-11　侧上旋球

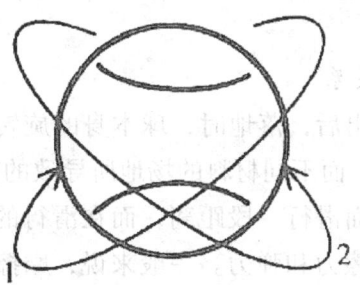

1. 左侧下旋球；2. 右侧下旋球。

图 5-12　侧下旋球

5. 顺、逆旋球

顺旋球落地后给球一个向左的摩擦力，地面也给球一个向右的反作用力，球反弹后向右侧拐转。逆旋球则相反，球给地面的摩擦力是向右的，因此球反弹后向左拐转（见图 5-13）。

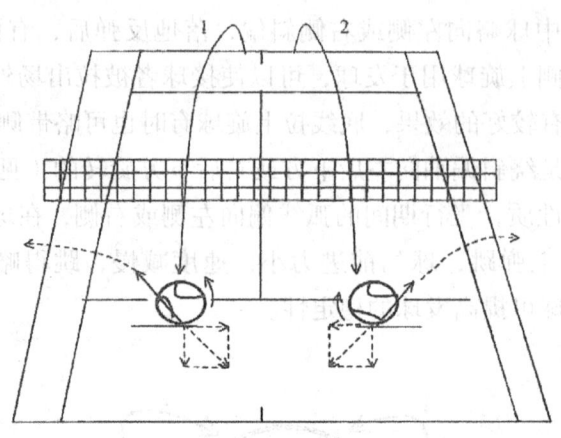

1. 顺旋；2. 逆旋。

图 5-13　顺、逆旋球

（四）网球旋转的几个关系

1. 旋转与速率的关系

现代网球比赛中，运动员掌握的技术呈现出越来越多样化的趋势，只凭单一技术就获得比赛的胜利几乎是不可能的。运动员击出的球都独具自己的特点，而这些特点是通过球的旋转与飞行速率表现出来的。击出的球要想带有特定的旋转与飞行速率，就必须要以特定的挥拍方向与速率来击打球。

2. 旋转与反弹的关系

当运动员将球击出后，落地时，球本身的旋转、速率和反弹的角度均会发生明显的改变，而不同材料的场地所导致的变化也是有所不同的。当球落地后，会在地面滑行一段距离，而在滑行的过程中，不同的场地则会给球以不同的摩擦力和弹力。一般来说，摩擦力和弹性较大的场地会增加球的旋转，反之则会减弱。

3. 旋转与飞行轨迹的关系

决定击出球飞行轨迹的主要因素有飞行方向、飞行速率、球的旋转、空气阻力以及地心引力等。除了空气阻力和地心引力外，其他因素都是可以采取一定的手段加以控制的，而其中球的旋转是决定击出球飞行距离的唯一因素。

第二节　网球运动战术基础理论

网球战术是运动员在比赛中根据自身特点、对手的打法类型及技术特点，采用各种技术的原则和方法，也是技术、意志、智能和素质等在比赛中有针对性的综合运用。对于任何一名网球运动员来说，战术对其比赛成绩具有重要影响，增强网球运动员的战术意识与战术能力是保证其取得优异比赛成绩的关键。本节主要就网球运动战术学练进行研究，主要内容包括网球运动战术理论，网球运动单打战术学练与双打战术学练，对这些内容的研究有助于科学指导网球运动员的战术训练，从而促进运动员竞技能力的提高。

一、网球战术的概念

在网球比赛中，运动员为了成功战胜对手或为取得理想的比赛结果而根据双方打法特点所采用的一切计谋和行动总称为网球战术。从更广泛的角度上来说，网球运动员的技术、意志、智能和素质等在比赛中有针对性的综合运用，即为网球战术。

网球运动员的体能、技术、心理、智能等各种竞技能力在比赛中能否得到全面的发挥，要看其网球战术意识是否强烈，战术水平是否高超。在网球比赛中，运动员需要以自己和对手的具体情况为依据，对自己已掌握的网球技术进行合理选用，并有机组合单个技术动作，从而将自身的竞技能力最大限度地发挥出来，以战胜对手，获取胜利。另外，网球运动员在比赛中对技术动作的合理、准确运用对于减少机体能量的消耗也有积极的影响，从而有效延缓疲劳产生的时间，保持充沛的战斗力。

二、网球战术的特点

现阶段，优秀的网球运动员在比赛中所采用的网球战术与网拍技术改革、网球运动商业化之前采用的战术明显不同。目前来看，网球运动员普遍体型高大，力量较强，拥有良好的速度素质、灵敏性、协调性，而且通过对人体力学原理的合理运用也极大增强了其击球力量。此外，球拍工艺日益精湛，这极大地推动了网球技战术的发展。在这些因素的共同作用下，网球比赛的节奏不断加快，运动员需要在短时间内作出反应和判断，这就使现代网球的比赛方式受到了强大的冲击。总的来说，现代网球运动战术具有以下几方面的特点。

（一）力量是一项重要的战术武器

当前，网球运动员在技术训练中注重不断增加自己的力量。而且人们也会用一些力量性的词语来形容网球技术，如像炮弹一样的发球、具有攻击性的接发球、具有杀伤力的击球、抽击式的截击球等。由此可见，对于网球运动员而言，力量已经成为其非常重要的战术武器，因此应加强力量与技术的结合训练。

（二）选择最佳的击球

通常，对网球运动员来说，发球和正手击球是两大关键性的"法宝"。虽然目前有许多优秀的网球运动员具备了高水平的反手击球能力，而且这项能力对接球方来说是一项较大的威胁与挑战，但普遍来看，发球和正手击球这两项技术依然是网球运动员在比赛中重点采用的两项核心技术。

（三）快速判断

在网球比赛中，运动员必须在短时间内对接下来要做的动作作出决定，不能有丝毫的犹豫。运动员在做下一个动作之前，要判断决定要做的这个动作是否合理。这一判断是否准确，主要取决于网球运动员对网球的认知程度、技战术的掌握情况以及对比赛情况及对手特点的观察及分析能力。

（四）打法的全面性

在一年之内，网球运动员往往要在不同的环境中打比赛，因此他们需要在短期内对不同的比赛条件进行适应。运动员只有适应了比赛场地、气候、观众以及其他环境因素，才能在赛场上正常发挥自己的竞技能力。如今，像亨曼、桑普拉斯、鲁塞德斯基等这样单纯的发球上网选手已经越来越少了，网球运动员需要不断对硬地球场的比赛环境进行适应，需要掌握各种类型的网球打法，以此来全方位提高自己的竞技能力。

三、制定网球战术的基本原则

现代网球比赛中，倘若双方在技术方面存在着很大的差异，那么技术较差的一方即使采取合理的战术，也很难改变自己的弱势。然而，倘若双方实力相当，技术水平基本上在同一高度，那么在一定程度上而言，能否准确运用战术就直接决定了双方的胜负结果。由此可见，网球战术对比赛的胜负有着很大的影响，想要发挥出合理有效的战术，需要对以下三方面的原则进行严格贯彻与遵循。

（一）客观性原则

客观性原则指的是在比赛中，依据比赛场地情况、比赛双方的实际情况（体能水平、技术特点、心理状态、打法风格等）以及其他客观实际因素来对战术进行制定，对打法进行选择。

依据客观性原则来制定网球战术，要求运动员在比赛前全面了解自己与对手，只有知己知彼，方能取得比赛的胜利。运动员不仅要了解对手的打法特点及技术风格，还要对自己的打法类型进行了解，只有这样，才能制定出合理的战术，才能利用这一战术避实就虚、扬长避短、取得比赛胜利的效果。

（二）灵活性原则

运动员在制定战术之后，并非一成不变地采用这一战术一打到底，而是要随时对比赛场上的实际情况进行观察与分析，并以分析结果为依据从局部或从整体上来调整战术，或重新制定战术，只有灵活采取战术行动，才能巧妙地应对各种问题。

在网球赛场上，比赛形势往往瞬息万变，运动员只有根据赛场情况来对自己的战术和打法进行合理的调整，才能掌握主动权，获取优势，进而增加成功的概率。

（三）实效性原则

实效性原则指的是在对网球战术进行制定时，一定要对战术实施的可行性、战术运用效果的好坏进行考虑。如果战术的可行性较差，而且无法取得良好的运用效果，那么即使听起来头头是道，也不能加以采用。

因此，在其他条件一致的情况下，倘若采用两种不同的战术行动都可以达到预期的效果，那么就应该选用可行性高、难度小、成功把握大的战术打法。同样的道理，倘若两套战术方案的可行性和难度要求都相当，那么就应该选用能够从更大程度上影响比赛结果的那战术方案。

上述三方面的原则是相互联系、紧密结合的，制定战术时运动员需要对这三项原则进行综合的考虑。

四、制定网球战术的依据

（一）以环境为依据

1. 根据风向对网球战术进行制定

在网球比赛中，风向会对运动员的竞技能力发挥及比赛成绩造成一定的影响，因此在不同的风向情况下应采用不同的战术行动。

（1）处于顺风一侧时的战术

如果运动员在比赛中是处在顺风一侧的场地，那么在制定战术时需要考虑如下几个要点。

首先，要随时谨记，顺风方向击球会增加球速，因此要注意合理控制击球的力度，尽量使球在空中旋转起来，避免出现将球击出界外的情况。

其次，沿着顺风方向打球时，一定要找准机会进行网前击球，这主要是因为上网打法受风的影响相对要小一些，而且对手逆风回击球时，球的速度不会很快，这时在网前进行截击球是占优势的。

最后，顺风方向下在底线击球时，速战速决并非一项好的战略，而不急不躁，稳稳当当地进行比赛是比较可取的。这主要是因为对手逆风打出的球一般速度比较慢，而如果要达到一样的球速，对手则需付出更多的努力，因此对处于顺风方向的运动员来说，还是稳扎稳打比较好。这样既可以减少失误切实拿到分数，又可以更多地消耗对手的体力。

（2）处在逆风一侧时的战术

如果运动员在网球比赛中处在逆风的一侧，那么击球时就要用尽全力，因为逆风击球时，一般不会把球打出界外。当对手准备上网截击时，要尽最大力度挑高球，这样在逆风阻力的影响下，球一般就会落到对手场内，而不会落在网前，这时对手的网前截击计划就会落空。挑高球后要做好随球上网截击的准备，这时拿分是比较容易的。

2. 根据阳光对网球战术进行制定

一般来说，所有的网球场都是南北朝向，因此网球比赛中总有一方球员要面向太阳，面向太阳的球员需要先适当地对自己的发球站位进行调整，然后再做发球动作。而且在抛球时，球的起始高度要稍微比正常发球时的高度低一点。倘若对手在挑选时选择了发球，那么需要尽量选择面向太阳来进行接发球。如此一来，在场地交换后，就能够与太阳背对着发球了。

与太阳正面面对时，轻易不要上网，如果非要上网，在对手挑高球时可以选择打落地高压，但尽可能要保证动作的隐蔽，避免被对手看到。

与太阳背对时，要向适当的方向进行挑高球，特别是在对手上网的情况下，挑高球是比较有利的，同时也要注意观察对手是否要打落地高压。

3. 根据气温对网球战术进行制定

（1）夏季

在夏季比赛时，室外温度高，运动员会消耗较大的体力，因此这对运动员的心理素质和意志品质提出了较高的要求。在比赛过程中，比赛双方都会有热的感觉，因此为了让对手多出汗，多消耗体力，尽快出现疲劳症状，就需要采取有效的措施来充分调动对手，使其在自己的场地中来回奔跑。当对手的机体出现疲劳症状时，心理疲劳也会随之出现，这时就可以大展身手了，这对于增加得分的概率是非常有利的。

（2）冬季

冬季气候寒冷，运动员极有可能受伤，因此在比赛之前必须做一些必要的准备活动，以充分舒展筋骨，避免损伤的发生。受气候寒冷的影响，运动员在比赛中身体各关节还处于僵硬状态，而且不容易调整状态，这时要想发出高质量的球是比较难的，因此在挑选时，可以先挑选接发球的一边，相对来说这一边是比较有利的。

需要注意的是，在网球比赛中，虽然战术的制定、运动员竞技水平的发挥会在一定程度上受到外界环境因素的影响，但这些因素并非都是绝对的，对比赛成绩产生决定性影响的依然是运动员的综合素质能力。因此，在日常网球训练中，教练员一定要加强对运动员各方面运动素质的训练，使运动员以良好的状态参与比赛。

4.根据场地对网球战术进行制定

（1）慢速场地

如果网球比赛场地为沙地这样的慢速场地，运动员则需要从以下几方面来考虑战术。

第一，在击球时，以上旋球为主。

第二，在发球时，除了注意大力发球外，还要注意以上旋球、高挑球（有角度）为主。

第三，将高挑球和上旋球充分结合起来。

第四，当出现短球机会时（对手放或者回击短球时），不要一味地选择进攻，要采用灵巧的战术，通过高挑球等技术将球回击到对手身后空当处。

第五，被动防守时，要采取其他不同的打法。

第六，尽量对容易造成对手身心疲劳的战术进行采用，从而拖垮对手的身心防线，占据主动。

（2）中速场地

如果网球比赛是在室内场地、硬地等中速场地上进行，运动员需要考虑以下几点来制定战术。

第一，尽量打旋转球，并将高球与旋转球结合起来。

第二，使用各种旋转球来发球，而且发球力度要大。

第三，当出现短球机会时（对手放或者回击短球时），要尽可能采用灵巧的战术将球回击到对手身后空当处，然后随球上网做好高空截击球的准备。

（3）快速场地

如果是在草地这样的快速场地开展网球比赛，运动员需要注意以下几点。

第一，以平击球和削球为主。

第二，发球时，不要一味地进行大力发球，而要善于发现侧旋且小角度球。

第三，对所有的短球都要进行攻击，而且攻击力度要大。

第四，对低弹球的击球战略进行合理采用。

（二）以场区为依据

1. 前场区

在网球比赛中，最具进攻性的区域就属前场区。

在前场区的位置进行比赛时，运动员需要向前移动或进行侧向的移动，而且必须完成向前的动作，采取快速的进攻行动，进攻时一定要表现出自己强大的攻击性，以给对手造成威胁与压力。总的来说，这一区域的战术选择很少。

2. 中场区

对于网球运动员来说，网球比赛场中最重要的区域就属中场区域，这一区域也是运动员最难掌握的。在该区域中，运动员有比较多的战术选择，如果对手将球击到这一区域内，则可以采用如下战略。

①当对手击来的球弹跳高度很低时，可以向球的方向跑进打一个随球上网。

②当对手击来的球弹跳高度比较高时，可正手击球或反手击球。

③尝试放小球回击。

比赛中，如果站在中场区的位置，需要尽可能地利用正手或反手击球来结束该分。只有保持向前的动作才能完成正手或反手击球，这样就可以避免一些侧向和向后的动作出现，同时也可以向对手展示自信，给其造成威胁与压力。

3. 后场区

作为网球比赛场区的基础击球区，后场区对运动员的耐心、视野范围与深度提出了较高的要求。

一般来说，在网球比赛中，运动员都是在后场区制定得分计划的，因此这一区域被称为网球基础击球区。在后场区比赛时，运动员需要保持足够的耐心，并要随时灵活地进行侧身移动，击球时，要注意控制好击球的角度，确保击球的准确性。此外，运动员需要随时做好向前移动的准备，让对手猝不及防。

（三）以比分为依据

在现代网球运动比赛中，运动员要注意以实际比分情况为依据来对自己的战术方案进行调整,从而积极掌握主动权。具体而言,以比分为依据制定和调整作战计划需要从以下几方面着手。

1. 比赛开始时的战术

积极采用有效的方法来调动对手,使对手处于不断奔跑的状态,然后使其尽快进入疲劳状态。将自己的优势发挥出来,打自己有把握的,成功率高的球,使对手在奔跑中应对。另外,开始比赛时需要制定一个暂时的目标,即先拿到30分,这样赢球的概率就大大提高了,而且即使这一局没能赢,也会使对手进入疲劳状态,在下一局时就会占据优势。

2. 比分领先时的战术

在网球比赛中,比分领先的一方在击球时应该注重球技,注重击球的质量,专门向对手的弱点进行攻击,同时要保持良好的自信。专击对手的弱点,会使对手在比分落后的情况下丧失信心,变得愈发脆弱,这样自己成功的概率就大大增加了。

3. 比分持平时的战术

在双方比分相同的情况下,如果可以以饱满的状态打好球,那么就采用球技的攻击;如果没有把握可以打好,就采用动作的攻击。

如果前两局都输了,就面临着比较严峻的局势,这时采取保守型的打法比较合适,应尽可能地使对攻的次数增加,并使对手不断跑动,从而消耗其体力。

如果前两局都赢了,那么应该充分展示自己的自信,采取具有较强攻击性的作战方法,压垮对手的气势,使其暴露弱点。但是,攻击时也要有所控制,太大胆的攻击也可能会带来失误,从而使对手有机可乘。

4. 比分落后时的战术

在网球比赛中,运动员在比分落后对手的情况下,应重点采用动作的攻击,这样出现失误的可能性就会降低。此外,运动员应尽可能地保持击球的连续性,从而使对手一直在场上跑动,这样其体能就会大大消耗,疲于应对,这时需要加大进攻力度,从而获取一定的优势。另外,在比分落后的情况下采取动作的攻击还有利于集中注意力,使自己保持良好的比赛状态。

第三节 高校大学生网球技术能力的培养

一、握拍技术的教学与训练

握拍的基本手型应该保持手与球拍的一体，我们也可以这样认为，球拍是身体的一部分，是手臂的一种延伸。因此，在握拍的时候需要注意以下几方面的动作要领。

第一，手掌不能握在拍柄的中央，手的边缘应该与拍柄的底部齐平。

第二，手掌的手指和掌心应该与拍柄尽可能地贴合在一起，达到拍手无间隙、拍手一体的感觉，不能仅仅使用手指来捏住拍柄。

第三，为了避免在击球的时候球拍脱手，需要在握拍的时候，让拇指环绕过拍柄紧紧贴压在中指上，不要留出缝隙。

第四，在握拍的时候需要食指与中指略微分开，与拍柄自然地靠拢在一起，如果在握拍的时候像握拳一样将球拍死死地抓住，就会失去握拍的随意性和灵活性，长时间手会感到疲劳，不利于控制球拍。在握拍的时候整个手形特别像在开枪时要扣扳机的模样，食指与中指分开。

第五，除了以上四种握拍要领之外，网球握拍方式也有所不同。可以根据持拍手的虎口相对于拍柄各棱面的位置进行划分，分为大陆式、东方式、西方式、双手握拍等方式。

（一）大陆式握拍

大陆式握拍，别称"榔头"式握拍法，在使用这种握拍法的时候，食指的根部需要压在拍面水平平面上，使得拍面的角度与地面保持近乎垂直的状态。这种姿势就仿佛在使用拍框的侧面来钉钉子。大陆式握拍法可以用于所有类型的球，这种握拍效果最好的时候是在发球、打削球、打过顶球、打截击球、打防守球时（见图5-14）。

图5-14 大陆式握拍示意图

1. 优势

在发球或者在打过顶球的时候，采用大陆式握拍法可以保持手臂的自然下压，这样最有利于攻击，也不会对手臂造成太大的压力。因为在网球中打正手和反手球的时候是不需要对握拍法进行调整的，因此打网前截击球最好的选择就是大陆式握拍法。大陆式握拍法可以迅速转换攻击和防守的状态，同时也适用于在防守的时候回击已到达身体侧面，但是击球点较晚的球。

2. 劣势

大陆式握拍法有一个缺点就是很难打出带有上旋的削球和击球，换句话说，击球的点比赛场上的球网要高，因为球停留的时间非常短暂，这就导致回击球的时间非常短暂，对于高速的落地球这种握拍方法很难处理。

（二）东方式握拍

1. 东方式正手握拍

使用东方式正手握拍有一个小的窍门，即将手在拍弦上平放，然后手向下滑，在拍柄根部抓握，或者也可以采取这样的方法：闭上眼睛，将球拍在桌面上平放，然后拿起球拍。东方式正手握拍从技术的层面上来看，就是先使用大陆式握拍法拿好球拍，然后将球拍逆时针旋转，对于左手握拍的球员需要顺时针方向转动，当食指的根部压到下一个接触的斜面的时候即可（见图5-15）。

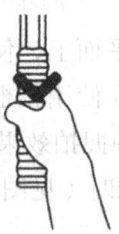

图5-15 东方式正手握拍示意图

（1）优势

"万能握拍法"指的就是东方式正手握拍，东方式正手握拍不仅可以打出具有力量性和穿透性的平击球，还能通过摩擦球的后部打出上旋球。就握拍方式的转换而言，东方式正手握拍很容易进行握拍的转换，就这方面来说，东方式正手握拍对于喜欢上网的运动员是一个很好的握拍方式选择。

（2）劣势

东方式正手握拍有一个显著的缺点就是不适合打高球，虽然东方式正手握拍的击球点相对于大陆式握拍来说，在身体前部更远、更高，打出的球也具有穿透性和力量性，但打出的球多为平击球，稳定性方面并不乐观，在多回合的比赛中基本不会使用东方式正手握拍，对于想打出更多上旋球的球员来说，东方式正手握拍也并不适合。

2. 东方式反手握拍

东方式反手握拍可以先使用大陆式握拍，然后对球拍进行顺时针旋转，若是此时左手持拍则逆时针旋转，用食指压在上一个斜面上，如此便成了东方式反手握拍（见图5-16）。

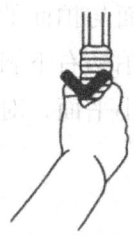

图5-16　东方式反手握拍示意图

（1）优势

东方式反手握拍一样可以保持手腕的稳定性，在比赛中，可以打出具有穿透力的球，也可以打出具有稍微旋转的球。对于握拍方式之间的转换也非常的方便，要想变回大陆式握拍只需要进行微小的调整即可用这握拍法就会方便赛中运动员在网前截击时或者在削球时轻松转换握拍方式。

（2）劣势

东方式反手握拍的优势是可以对低球进行非常妥善的处理，但是对于肩部以上的上旋回球就会很难把控。因此，在绝大多数的情况下，将球反击到对手场内使用防守型的削球。

（三）西方式握拍

在美国西部加利福尼亚州一块水泥硬地球场中发展起来的握拍手法

就是西方式握拍法。西方式握拍法中网拍面不管是正手还是反手击球都是同一个。运动员在使用西方式握拍法打反弹球的时候可以通过反手多打斜球,正手打出有力的上旋球。这种握拍方法非常适合打齐腰高球与跳球,但是不适合打反手近网球、低球、截击球(见图5-17)。

图 5-17 西方式握拍示意图

1.西方式正手握拍

西方式正手握拍需要保持地面与拍面的平行,用手抓住拍柄需要从拍上面抓,手掌根需要紧紧贴住拍柄右下斜面,保持食指和拇指都不向前伸,拇指需要压在拍柄上面的小平面,对于柄的右下斜面需要食指下关节紧紧握住。

2.西方式反手握拍

西方式反手握拍,虎口"V"字形向右转动,对准拍柄右垂直面,让掌根紧紧贴住右下斜面处,与拍柄底部保持齐平。翻转拍面,使用正拍的拍面击球,这也就是说,在正手握拍后,需要将球拍上下颠倒,击球使用同一个拍面。

(四)双手握拍

双手击球时,不管正手、反手,一定要将与来球方向同一侧的手握在拍柄的上端,另一只手握在靠近拍柄的下端(见图5-18)。

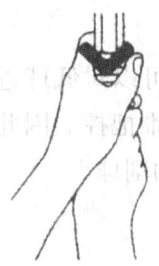

图 5-18 双手握拍示意图

1. 双手正手握拍法

右手是东方式正手握拍法，握在拍柄的上方，左手是东方式反手握拍法，握在拍柄的下方，双手靠拢紧握球拍。击球后右手换握到拍柄下方，左手扶拍颈进入下一击球的准备姿势，因上下换握手很麻烦，所以这种握法几乎没有人使用。

2. 双手反手握拍法

双手反手握拍法中的右手是东方式反手握拍法，也就是说拍柄的第一条线对准"V"形虎口，手握在拍柄的下端；左手为东方式正手握拍法，即"V"形虎口对准拍柄的第二条线，握在右手的上方，双手靠拢紧握球拍。

二、正手击球技术的教学与训练

单纯从理论上来看，正手击球的动作比较深，可以进行有力的击球，同时保证速度很快。在比赛中有很多正手击球的机会，正手在击球之后可以为运动员营造更加有利的局面。对于大部分人来说，好的正手可以成为个人进攻的优势，更可以发展成为强有力的"武器"。以下内容以右手的握拍者为例，对正手击球的一些关键动作要领进行介绍，之后介绍的一些基本技术也都是站在右手握拍者的角度进行阐释。

（一）正手击球动作要领

正手击球的动作要领如下（见图 5-19）。

图 5-19　正手击球动作要领示意图

运动员要正对球网，两只脚自然分开，分开的长度与肩部同宽。要将身体的重心放到前脚掌上，身体略微前倾，双膝微屈，右手握拍，此时左手轻托拍颈，双肘保持微屈的状态，使球拍自然舒服地放在身前，拍面要与地面保持垂直，将拍头指向对手，注意力要集中，双眼注视对手的来球，做好回击来球的准备。

当判断来球需要使用正拍反击的时候，要扭动双脚，右脚向右转90度与底线保持平行，抬起左脚向右前方迈步。与此同时，要转肩让右手向后边摆动来进行引拍，这就是关闭式步法，一般初学者比较适用这种转体方式。还有一种步法为开放式步法，在开放式步法中，两脚平站，左脚是不需要上步的，需要更多地向右边转体的动作。在引拍的时候，要保持肘部的自然下垂和肘部的弯曲，拍头不能高于膝盖，同时左手向前方伸出，维持身体的平衡，在后摆引拍的时候，身体的重心发生转移，移动到右脚，让左边的肩膀对着右边的网柱，保持固定的手腕，挥拍转动约180度，将拍头指向后挡网。

在从后摆向前进行挥拍的时候，要紧紧抓住球拍，手腕向后伸展，双脚用力蹬地，通过转动身体来进行挥拍，击球点主要在身体的前方右侧，不能高于腰的高度，在回击球的时候一定要保持快速挥拍，在挥拍的时候，拍头处于一种自上而下的挥动状态，让球可以成为略带上旋的球。

当拍接触到球以后，要使球与球拍的接触时间尽可能长一点，然后挥拍，让球沿着其飞行的方向前进，此时重心在前脚，身体也要转动面向球网，在左肩的上方结束挥拍动作，拍头的位置要高于头部，指向上方。相对于后摆动作，随挥跟进动作要大并且充分，以此来保证击球的时候具有稳定性。在结束随挥跟进后要立刻恢复之前的准备姿势，对下一次的击球进行准备。

（二）注意事项

击球时眼睛要紧盯球，脚要快速移动去击打来球并快速回位；保持低重心、抬头，平衡要好；还要注意控制好拍头的后引、前挥和击球。

（三）常见错误动作

①眼睛不盯球。

②准备动作慢：重心偏高，屈膝准备不够，准备意识不够强。使身体重心在移动前多了启动的时间。要加强准备动作的意识，认识到其重要性，每次击球前保持屈膝收腹含胸的自然姿势，对手击球的一瞬间做

原地的分腿跳，利用地面的反弹力迅速移动。

③引拍动作慢：球在落地前过多的注意力集中在对球的判断，没有在判断球的同时完成引拍和移动的动作。要注意引拍、移动、判断同时进行，在球落地前完成引拍动作。

④击球时勾手腕：向后引拍时，后摆动作过大，并且肘关节未弯曲，而是直臂引拍。击球时手腕在前，导致挥送出的球不走直线，偏离了预想的轨迹。

⑤击球时身体重心高：依赖手臂击球，忽视了整体完成动作的要求。注意加强腿部发力的意识，体会蹬地发力的感觉，可以借助跑实心球的练习体会这种感觉。

⑥击球点位置靠后，影响击球效果：往往击球前的准备不充分，对球提前预判不够，使击球时机滞后，造成击球点在身体内侧。注意提高自身的节奏感和预判能力，加强准备工作，开始时可以强制自己抢前点击球，逐步调整时机，寻找击球感觉。

⑦随挥动作不完整：初学者在打球时怕把球打飞，就用减小动作幅度来控制力量，使动作不到位，发力不完整，影响击球效果。

⑧击球后回位不及时：初学者很在意某一个球的击打效果，忽视了击球的连贯性和节奏感，使第二次击球质量下降。

（四）正手击球练习方法

1. 正手颠球

正手颠球动作主要的实战应用是为了向前冲去救小球。因此，需要在此项练习的时候给练习者放一些小球去追，以此来引导练习者在身前伸拍子，向前冲，将拍面打开，同时要准备好颠球。

姿势论传统法中，在追小球的时候，大部分练习者是将拍子放在身后，只有在到达相应的位置后才会发挥拍，这样是错误的动作。

2. 正手推挡

逐步后退到小场对打。在5步骤熟练的基础上逐步送较长的球，一米一米推进，直到整个小场。

在这个步骤中练习者的拍面角度不需要教练的引导就会自己进行调整，简易教法的科学基础就建立在人类本能地去调整击球动作之上。将球送到练习者左右前后不同的位置练习正反手击球，对缺点进行改正。

在练习者的基本动作基本熟练、合理后,可以让练习者打一场11分的小场比赛,只能打落地球,不能截击,为了增加比赛的趣味性,可以设置一些取得一分的奖品。

对于大多数的人来说,经过一场比赛下来,动作已经非常好了,对于少数没有对击球熟练掌握的人,可以增加游戏的回合次数,基本上打到50回合时候,动作就已经很熟练了。在这个过程中主要为了激活练习者的正反手推挡感觉,是在本能中完成的,并不需要进行刻意讲解。

正手的推挡动作在实际的赛场中主要是用来接发球和接高速来球。练习者在正手推挡感觉得到激活以后就不需要进行经常性的训练,教练只需要在接发球训练中引导一下练习者即可。

3. 正手击球步法

在网球比赛中,有着各种各样的步法,只要是可以快速移动到位的步法就是个好的步法。一般来说,可以进行自主选择的步法出现在时间允许的防守性过度击球、进攻性抽击球中;被动救球的步法不是可以自己决定的,主要是由来球决定的。

正手击球步法主要有开放式、封闭式、中间式三种常用的步法,练习者可以在同一节课中同时进行学习。要想打好网球,合理的站位是基础,在网球中漂亮的姿势需要有重心转移动作,练习者可以对正手击球的这三种常用步法进行经常性的练习。

(1) 开放式

所谓的开放式指的是双脚的连线要与球网平行,主要适合横向移动,在击球之前,重心在右脚内侧,在击球之后,重心发生转移,在左脚,此时右脚尖拖地,右脚跟离地。

(2) 封闭式

所谓的封闭式,主要适合横向移动,在跑动的时候击球,在击球的时候,左脚作为轴心,左脚跨到右边要着地,右脚需要随着惯性转半圈,最后保持与左脚的并立,双脚是击球后的重心。

(3) 中间式

中间式主要指的是前后脚站位,这个站位非常适合向前地纵向移动,在击球之前,身体的重心在左脚;在击球的时候,右脚蹬起,同时夸张地向前迈步，右脚尖接触地面；在击球后，右脚复位与左脚并列，复原准备的状况。

在比赛中，正手抽击是使用较为频繁的姿势，网球明星的正手击球，不仅姿态万千，而且非常赏心悦目。练习者只要学会最为基础的平击、上旋、基本步法，在不断练习中融会贯通，能在赛场上练就舒展的正手击球的姿势。在网球训练中，正反手抽击和发球是练习的重点，也是训练中最重要的要素之一。

4. 正手平击法

正手平击法常用的有两种，一种是流传已久的中间式站位，是一个很容易掌握的动作，主要是从后向前进行直线挥拍。

另一种是较为新的开放式站位，球员需要一百八十度转腰进行旋转挥拍，这么一个较为难的动作，需要技巧的引导才能激活。教练在进行引导的时候要让练习者的手尽量保持不动，因为要是手的动作多了，腰就不会动了。在练习的时候可以让练习者放缓节奏，与太极拳的转腰类似。在击球的时候两手需要一起转动，在结束击球之后要保持两手的原状，即右肩膀对着球网，右脚跟保持离地的状态，脸面向球网。

对于击球来说，转腰的作用力下的击球是水平运动的，所以很容易出现下网的情况。因此，要想击球完美，就需要叠加双腿蹲下蹬起，加上拍子从下向上的作用力，这样才能呈现出击球的理想抛物线。

除此之外，还有一种是跑动中封闭式站位，这种不常用，主要是将左脚作为轴心，以此来转动身体进行击球。这三种站位的方式要使练习者在一节课内分别激活感觉，之后的训练以开放式转腰为主，其他为辅。

三、反手击球技术的教学与训练

反手击球是网球运动中与正手同样重要的基本技术动作，在比赛中利用率最高的除了正手击球就是反手击球了。它是指在握拍手一侧击打落地球的方法。

（一）双手反手击球

1. 双手反手击球动作要领

双手反手击球的动作要领如下（见图5-20）。

图 5-20　双手反手击球动作要领示意图

击球时需要面对球网，将双脚自然分开，保持与肩同宽，腰部要微微向前，双膝微微屈起，双肘弯曲，用没有握拍的手托住拍颈，下巴与拍头持平，身体前倾，使球拍舒适地向前伸，此时身体的重心在双脚前掌上。在预判到球朝着反拍方向过来的时候，左手应该帮助右手变为反拍握拍法。如果在正拍使用的是西方式握法或者东方式的正拍握法，那么在打反手的时候应该进行握拍的变换，变成相应的反拍握法。

左肩转髋，以此来带动右手向左后方摆动，左脚要与底线平行，向左转 90 度，右脚向左前方迈步，右边肩膀正对着球网，手腕要紧绷、向后伸，两个肩膀要夹紧。在后摆的时候保持肘关节的自然下垂和弯曲。正拍后摆动作比反拍的后摆动作完成得要晚。单手反拍的时候，可以用左手轻轻托住拍颈，为了保持动作的协调可以伴随着向左转的动作；如果是两个手反拍挥臂，需要更多的转体，右肩转到对着左侧网柱的位置。

从后摆向前进行挥动的时候，需要紧紧地握住球拍，将手腕进行固定，同时右脚需要与球网保持 45 度，为了挥拍击球，可以转到躯干、双肩、臀部。反拍的击球点位于运动员的左前方，在击球的时候要使右脚与球拍在一条直线上。在击球的时候肘部应该伸直，手保持与球拍的持平，双眼要紧紧地盯住球，在这个过程中，身体重心从后脚转移到前脚。就拍头轨迹来说，反拍上旋球的轨迹是自下而上的轨迹。

在球拍接触到球以后，要使得球与拍面的接触时间尽可能长一点，将球沿着球的飞行方向挥拍送出，重心在前脚，身体也要随着转动，转向球网，在右肩上方结束挥拍，拍头的方向指向上方，随挥动作的完成对球的方向和控制落点有帮助。相对于后摆动作来说，随挥动作充分而且幅度大，可以保证击球动作的稳定性和完整性。在随挥动作结束之后，身体姿势需要迅速恢复到开始的准备姿势，迎接下一次的击球。

2. 注意事项

成人初学者和年轻运动员多使用双手反手击球法，因为用双手挥拍时更容易发力，挥拍击球时拍面更稳定。但底线远球或前场低球等不能用双手反手回球，而要用其他击球法。

3. 常见错误动作

①眼睛不盯球。

②侧身幅度不够：击球前准备不充分，来不及侧身。忽视身体发力的作用，只动手臂而不转体。可利用实心球体会转体发力的感觉，认识到不转体就没有办法用身体发力。提醒自己每次击球时眼睛要从肩上看到球。

③击球时重心靠后：击球点靠后，过多依赖上体发力。应尝试在击球后只用前脚站立，另一只脚离开地面。

④引拍动作过大影响击球时机：依赖手臂击球，手臂的摆动过大。过大的引拍会耽误更多的时间，往往使击球时机滞后，出现很多连带副作用。

（5）双手用力不协调：手腕发力，使左手比右手动作快，打完球时左手压在右手上。

（6）击球时位置不准备：没有调整好，过早或过晚的击球时机会使击出的球偏离预想的轨迹。

（二）单手反手击球

1. 单手反手击球动作要领

单手反手击球的动作要领如下（见图5-21）。

图 5-21　单手反手击球动作要领示意图

在打单手反手击球的时候，身体要面向球网，双脚保持与肩同宽，自然分开，腰部微微向前，双膝微微弯曲，使用非握拍的左手轻轻托住拍颈，让下巴与拍头持平，球拍向前伸展，双肘弯曲，身体的重心在两只脚的前脚掌上。当自己预判到对手的球会朝着自己的反拍方向飞来的时候，正在轻轻握住拍颈的左手应该帮助右手迅速转换，左手扶着拍颈帮助向后拉拍，以保持球拍的稳定性，拍头略向后上方托起，开放式站位的重心在左脚，半开放半关闭式的站位重心略靠前。眼睛要通过肩的上方看到球。降低重心。

重心前移，拍头由后上方自然下落，借助惯性向前上方逐渐加速形成鞭打的效果，拍面保持稳定与地面垂直，球拍应从球的后下方向前上方打出，击球点要在身体前面一些并且离身体要有一定的距离，便于充分发挥拍。击球时右手向前挥拍，左手向后拉开，做类似扩胸的运动。

随挥动作自然放松，尽量长地向前随挥，以此获得更好的控球感觉。身体保持好平衡，为下一个动作做好准备。

2. 注意事项

只要在后摆挥拍时转身，并将球拍置于低位，就能打好单手反手球。切记，拍头必须低于击球点，而且与其他打法相比，底线回球时该打法的准备时间较长，但在将球拍置于低位时，则时间较短。由于使用单手，后摆挥拍和迅速前拉比较困难，此时，可将非握拍手置于拍颈处辅助稳住球拍。

3. 常见错误动作

①眼睛不盯球。

②引拍时机晚，无法完成转体引拍，靠手臂向后甩球拍。可加强准备及对球的预判，重视左手在击球中的作用。

③准备不够充分，击球节奏偏慢，击球挥拍不够主动。可加强准备及对球的预判，站在球网前模拟打球的动作击打球网，感受正确的击球点。

④击球时拍面不稳定，用手腕或小臂击球，使拍面产生晃动。可以在球拍上套一个塑料袋做挥拍练习，在抗阻力的情况下感受用力的感觉以及拍面的稳定性。

⑤左肩随着右肩向前转动，重心不稳，身体转动的中轴不在一条线

上。击球时右手向前的同时左手尽量向后拉开，将胸部展开，使躯干保持平稳和相对固定。

（三）反手切削球

1. 反手切削球击球动作要领

当进行反手切削球击球动作的时候，身体要面向球网，双脚保持与肩同宽，自然分开，腰部微微向前，双膝微微弯曲，使用非握拍的手轻轻托住拍颈，让下巴与拍头持平，球拍向前伸展，双肘弯曲，身体的重心在两只脚的前脚掌上。

变换握拍至东方式反手或大陆式，转肩转髋，双脚移动，采取关闭式或半开放半关闭式站立，左手托住拍颈将拍头停在身体的后上方，拍头要略高于击球点且拍面呈开放状态。重心略前倾压在前脚上。

右手自后上方向前下方用力，左手向后拉开，使身体获得良好的平衡。球拍保持一定的倾斜击打到球体的后下部，随着向前的随挥，拍面摩擦至球体的底部，尽量延长球拍与球接触的时间，重心前移，保持稳固而有力的手腕。

朝着击球的方向尽量前送，直到身体完全展开。球拍结束击球时拍面基本与地面平行，球拍顶端指向场地的左侧，不要超过左侧的单打支柱。否则击球的稳定性会受到影响。

2. 注意事项

多练习反手切削球，找到正确的击球感觉。容易出现的问题是击球点过高，此时，只需调整握拍方法，使拍面在接触球的瞬间与地面垂直，直到挥拍的前半部分完成才能松开握在拍颈处的另一只手。

3. 常见错误动作

①眼睛不盯球。

②击球前没有侧身，用不到转体的力量，只用手臂的力量击打球。

③侧身不够，准备不充分，来不及完成动作，开放式的站位加大侧身的难度，使击球的稳定性和力量下降。

④摩擦过多，球拍的开放程度太大，击球的部位太靠下，直接击打球体的底部。应减少削球的意识，加强推送的动作。在球拍上套一塑料袋做切削的动作，要有一定阻力的感觉，体会拍面的正确角度。

⑤错误地使用手腕发力，使击球无力，稳定性下降。

⑥击球时机晚,击球时重心偏后,在前脚后侧击球,使击球无力。应积极准备,击球前右肩略低于左肩,迎前击球。

⑦击球时身体重心太高,膝关节没有弯曲,击出的球稳定性不高。

⑧击球前的准备动作偏晚,导致后引过小,击出的球无力且稳定性差。

(四)练习方法

1. 双手反手击球技术的练习方法

(1)徒手模仿正确动作,进行挥空拍练习

在心中默念和回忆双手反手击球的正确动作要领,按照动作的规定要求,一边在心里默念一边做动作,在做击球动作的时候要想象有球。在练习的时候要保证是正确的位置和有准确的击球点。为了使动作更加熟练,可以自如地掌握动作,可以由慢到快地进行反复的徒手挥拍的动作练习,直到动作定型。

(2)对着镜子来做空挥拍动作

对着镜子来做挥拍动作,主要是站在镜子面前,做双手反手击球的挥空拍动作,通过镜子来对自己后摆时击球点位置、球拍的最远位置、随挥动作完成的位置进行明确。在脑海中通过镜面进行重复的挥拍击球动作,使得自己对正确的击球动作有一个非常清晰和明确的概念。

(3)对墙练习,把墙作为陪打者

对着墙进行练习,可以在距离墙大约9米的地方进行练习,可以练习双手反手击球,在对墙练习的时候使用的击球力度不能太大,否则很容易在没有做好击球动作之前就面对来球进行匆忙的击球,使得击球动作不规范。在进行对墙练习的时候,主要是为了对动作的要领进行掌握,经过长时间的练习使得击球的动作定型。与此同时,在进行对墙练习的时候也需要对击球的节奏进行掌握,不断增加正确的、准确的击球次数,如果节奏被打乱,就需要停止练习,重新开始进行下一轮的练习。

对墙练习可以一个人进行练习,也可以两个人一起进行练习,也就是两个人打一个球,在练习的时候可以采用网球比赛时候的节奏,在击球之后也应该像正在比赛一样进行移动和变换。

(4)与同伴在场地上配合练习

第一,一抛一击练习。让同伴在自己左前方3米左右的位置,使用带有橡皮筋的练习球进行练习，一次次抛球过渡到抛多球。在练习的时候，在同伴抛球之前要用双手紧紧抓住拍子，侧身引拍，为击球做好准备，在来球落地弹起的时候，用双手进行击球将球打出去，在这个过程中可以体验到双手握拍进行前摆击球的感觉。作为同伴，在抛球的时候，应该掌握好球的落点和抛球的力度，若抛出的球质量不好的话，练习者即使做击球动作也是没有意义的，可以放弃该球，着手准备下一次的击球。

第二，固定位置对打击练习。两个人一组，在球场的左对角站位，以此进行反手的斜线球练习；两个人一组，在球场站直线，以此练习双手反手击直线球；两个人一组，其中一个人在球场的左边固定站位，进行双手反手对不断变化的直线和斜线球的练习，另一个人站在对方半场不固定站位，对来球进行回击。练习双方应该在练习中注意击球的力量和掌握好击球的落点，尽可能进行多次的练习，进行多个回合的练习，只有这样才能提高双手反击击球的稳定性和熟练性，使双手反手击球的动作要领得到整体的掌握。

2. 反手削球的练习方法

①教练要在网前站立，练习者在网后边3厘米左右站立，教练用手抛球给练习者，练习者轻轻进行反手截击，以此进行反复的练习。

②练习者站在发球线的后边，将教练用球拍送出的落地球进行反手削击，反复练习。

③练习者站在底线后边，将教练用球拍击出的落地球进行反手削击，不断练习。

④自己对着墙反复练习反手削球，要由轻到重、由远到近不断练习。

⑤两个人一组，站在场地的对角线处，由近及远进行连续的反手削球练习。

四、发球技术的教学与训练

在网球的基本技术中，发球算是一种较难掌握的技术。在发球的时候，运动员需要调动起身体的很多个部分，有着较大的动作幅度，需要运动员具有较高程度的肌肉协调度。

（一）握拍方法

由于每个人有着不同的身体结构和不同的发球方式，因此在握拍的方法上也有所不同，但有一点是相同的，那就是手腕僵硬的握拍是没有办法发出好球的。一般来说，倡议使用大陆式握拍。东方式正手握拍进行发球是很多的网球初学者都非常喜欢使用的握拍方法。东方式反手握拍可以保证发球的稳定性，并且可以加大发球的侧旋、上旋，减少发球的失误。

（二）发球动作要领

发球时动作要领如下（见图5-22）。

图5-22 发球动作要领示意图

保持全身的放松，在端线外中场标记近旁（单打）侧身站立，面向右边的网柱，左边肩膀对着左边的网柱，两只脚分开与肩膀保持相同的宽度，右脚需要与端线保持平衡，身体的重心在左脚，左脚需要与端线保持45度，左手拿球，在腰部轻轻地托住球拍，将拍头指向前面，保持呼吸的均匀，注意力要集中。

抛球手由下而上地送出，在动作的最高点将球抛出，同时持拍手由前向后慢慢展开，注意动作节奏尽量平缓且放松。

膝关节开始弯曲，抛球手完全伸直在头部一侧。挥拍的手臂在肘关节处弯曲，并将球拍置于脑后位置。同时弓背、蜷曲身体并尽量转肩，这样在挥拍时便有了最大的空间。

抛出的球到达最高点后，随着球开始下落蹬地伸展身体，持球侧肩膀下垂，向上迅速挥拍击球，左脚向上蹬。将身体和手臂伸展开，在向前击球的时候，肩膀和手臂回转，保持双肩与球网的平行。在挥拍击球的时候，要使持拍的手腕带动小臂形成一个旋内的"鞭打"动作。

在球发出之后，身体呈现向场内的倾斜，可以保持向前上方伸展的完整的连续的随挥动作。在球拍回到身体的左边的时候，此时的重心在前方，就可以使动作自然跟进，身体维持平衡。

（三）发球的种类

发球基本上有三种：平击发球、切削发球、旋转发球。这三种发球都有自身独特的特点和用途，一个好的发球能造成很大的攻击性，并且每一次的发球都会在力量、速度、落点、旋转方面有所变化和不同（见图5-23）。

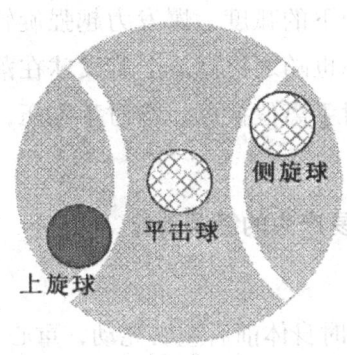

图5-23　不同性能发球的击球点位置

1. 平击发球

平击发球主要的击球点位于身体的右前方，通过拍面中心平直对准球，主要击球的后中上方，在这个过程中，前臂的旋内"鞭打"以及手腕向前抖甩是非常重要的一环，身体需要向前充分伸展，只有这样才能获得较高的击球点，保证较高的发球命中率。平击发球具有以下特点：一是球速最快，在发球中是球速最快的，也因此称为"炮弹式"发球；二是反弹低。如果身材高大的球员可以进行高点击球，借助优势化被动为主动；如果身材矮小的球员不适合使用平击发球，平击发球球速非常快、力量大、威胁大但是命中率并不高。

2. 切削发球

在发球的时候要将球抛到身体的右侧斜上方的位置，从右侧中上方至左下方快速挥动球拍，击球的时候拍击球的中部偏右侧，让球产生右侧旋转。切削发球的特点：它是一种右侧旋转的发球，换句话说是由球的右上往左下的切削击球。因为切削发球有着独特的弹跳方向和飞行轨迹，加上切削发球所具有的威力大、球速快，命中率较高的特点，成为世界上大多数网球运动员使用的发球方式。

3. 上旋发球

在上旋发球的时候应该将球扔到头后偏左的位置，在球拍击球的时候，身体尽可能地向后仰变成弓形，通过杠杆的力量使球增加旋转。在击球的时候，用球拍从上向下，从左向右擦击球的背面，向右带出球，使之具有右侧上旋的特点。上旋发球的特点：发球法主要是上旋为主，侧旋为辅。上旋发球中上旋的元素比切削发球要多。因此，会让球产生了一个很明显的从上向下的弧度，爆发力越强旋转就会越多，所呈现的弧度也就越大，命中率也随之提高。上旋发球在落地之后会在对手的左侧弹起来，这就迫使对手离位接球，给对手施压，也为自己发球上网提供了充足的时间。

（四）发球技术容易产生的错误动作

①眼睛没有盯球。

②抛球不稳，抛球时身体前后左右晃动，重心不稳定。

③抛球后，右肩膀过早地转向前。

④抛球太过于靠前或抛球与引拍不协调，击球过早。

⑤击打球时，没有在前脚蹬地后的最高点触球，导致击球时手臂弯曲，发出的球没有威力。

⑥拍面下压过多，造成球不过网。

⑦击球时身体前倾不够，球拍拍面下压不够，抛球太过于靠后或击球太迟。

⑧击球时重心偏后，没有将整个身体的力量用到球上。

⑨击打球后，身体重心没有向着出球方向前送。

⑩缺少"鞭打"动作，随挥动作不放松，肩关节不灵活。

⑪在发球的时候为了争取主动进攻，因此希望可以发出具有杀伤力的球来压制对手，就会将重点放在发球的用力上，导致右臂的紧张和僵硬，增加失误的概率。

⑫会出现两次罚球的力量相差很大，因为怕出现双误失去分数，因此试图发"保险球"，这就造成了两次罚球力量的相差较大，导致正常的击球动作结构被破坏，出现失误。

⑬击球时手腕不固定，没有控制好击球的拍面，造成击出的球偏离了预想的轨迹。

（五）发球练习方法

1. 徒手挥拍模仿练习

练习目的：建立动作概念，了解动作过程。

练习方法：根据技术动作的要领，将动作分解为抛球、向后引拍、向上击球、随挥动作等环节，反复练习，熟悉动作过程和动作要领。徒手挥拍练习最好对着镜子做，可以看到自己的动作，练习的效果会更好。

练习要点：熟悉动作过程，掌握动作节奏，动作由慢到快。

2. 抛球练习

练习目的：能抛出稳定的球。

练习方法：双脚前后站位，侧身对墙壁或挡网，抛球手臂沿着墙壁或挡网由低向高抬起进行抛球练习，使抛出的球沿墙壁或挡网垂直上下。

练习要点：手臂伸直并保持平稳向上抬，想象自己的手掌像电梯一样将球托送到空中，将球放在指根部位，球出手时掌心向上顶。

3. 对墙发球练习

练习目的：提高发球的稳定性。

练习方法：在墙上画两条与网齐高的线，发球时瞄准墙上的线。开始可离墙近些，待动作熟练度、准确性提高后，逐步拉开与墙的距离。

练习要点：侧对墙站立，抛球与挥拍动作要协调，击球瞬间身体充分伸展，球拍面对准所要发球的方向。

4. 跪式发球

练习目的：体会向上挥拍击球的感觉。

练习方法：站在发球线的后边，前面的腿弯曲膝关节，后边的腿屈膝跪地，将球拍放到肩膀上来发球。慢慢后退到底线，使用相同的动作进行发球练习，反复练习。

练习要点：击球时，球拍要做出向上挥摆的动作，身体不需要做出转体的动作，体会手臂由屈到伸击球的感觉。

5. 场上不同站位发球练习

练习目的：了解场上发球感觉，掌握场上发球基本技术。

练习方法：练习时，首先站在发球线后，球拍置于右肩上，将球发向对手球区；然后退至发球线与底线之间的区域，运用完整动作发球，体会球拍向前、向下击球的感觉；最后退至底线发球位置，体会向上、向前、向下挥拍的感觉。

练习要点：根据不同的距离，调整发球的力量及拍面下压的角度，控制好发球的力量。

6. 控制发球落点练习

练习目的：提高发球的变化能力。

练习方法：将标志物放在发球区内角、外角、中间三个点位置，按照标志点进行发球，提高发球的变化能力。

练习要点：主要从转体的程度上进行调整发球的落点，外角发球转体的幅度相对大一些，并且还要注意拍面的控制。应尽量做到相同的站位发出不同落点的球，采用不同形式的发球发出相同落点的球。

五、接发球技术的教学与训练

接发球技术主要指的是对对手发球进行还击的技术。比赛的得分情况会受到运动员接发球技术水平高低的影响，并且还会影响比赛的进程与持续性。因此，在网球运动中，接发球技术是一项非常重要的基本技术。对手发球后，必须在很短的时间内作出反应，提早作出预判和积极做好回击动作。接一发时，如果对手球速较快，应尽可能将球打回对方场地，减少失误，接二发时，应力求抓住机会展开主动进攻。

（一）接发球基本技术

1. 握拍法

运动员在握拍、引拍和随挥的时候要保持放松，在球拍接触到球的时候必须要紧紧地抓住球拍，尤其需要拇指、食指、无名指用力，手腕要保持固定，保证拍面的稳定性，要保证即使没有办法对对手的来球进行猛烈的还击也要通过稳定的拍面来阻挡往来球，寻求合适的角度进行还击。

2. 站位与准备姿势

接发球的准备姿势是需要运动员两脚保持自然站立，两膝微微弯曲，身体上身微微前倾，肘部弯曲，双手握拍，放在腹前，拍头向上翘起，身体重心放在两脚前脚掌上。从对手抛球开始，眼睛要盯住球，在对手击球瞬间，双脚稍微跳离地面，积极做出击球准备。

3. 击球

判断来球，迅速移动，向预测击球点起动时，双肩与身体重心同时移动，并向击球方向踏出一侧步，转肩时要使肘部离开身体。向前挥击时尽量使球拍运行轨迹由高处向下再向上，但上下幅度要小。击球时动作与正常击球基本相同，只是没有明显的后引，特别是对于快速来球，回球多数采用阻挡式动作或类似截击动作，不做过大引拍和随挥动作。

对于大多数网球爱好者来说，对手的发球并不会像职业比赛中那样难以对付。在准备接发球时，首先确定自己是想要进攻还是防守，然后，根据正拍球和反拍球的不同，分别选择回发球的线路。

（二）注意事项

①接发球时对手发球瞬间双脚要有一个跳步，便于快速启动。
②注意力集中，观察发球方动作，提早预判，准备动作充分。
③对手发球力量越大，引拍和随挥动作越小，可采用推挡回击，控制拍面的方向。

（三）常见错误与纠正方法

1. 发球速度太快，导致接发球失误过多

原因：发球速度相对于底线技术力量速度较快，接发球引拍过大，导致击球点过后造成失误。

下面是针对这个常见错误动作的一些纠正方法。
①减小后引拍的幅度。
②手腕固定，借力控制好拍面方向，将球挡出。

2. 接发球站位过于靠后

原因：担心反应时间不够充分，不自信故站位靠后。

下面是针对这个常见错误动作的一些纠正方法。
①注意力高度集中，提高预判能力。
②主动迎前击球。

3. 发球速度较快，反弹较高，导致接发球难度增大

原因：上旋发球落地后向上前冲力较大，接发球击球点过高，造成接发球困难。

纠正方法：向后一步或两步后接发球，这样会有更多的时间判断场上情况，并做出反应完成动作。

4. 接大角度发球步法移动不到位

原因：击球前的垫步没有做，造成启动慢、步法的调整不到位。

下面是针对这个常见错误动作的一些纠正方法。

①观察发球方抛球的位置及习惯动作，提高预判能力。

②发球方击球时，接发球方要做出相应的垫步，并加强步法练习。

（四）接发球练习方法

1. 接近网发球练习（球速较慢）

练习目的：体会简短引拍技术动作，提高不同落点的回球能力。

练习方法：发球方在发球线与单打边线交界处发球，中等力量发球，可有针对性地发内角、中路和外角球，接发球方在判断对手发球后，迅速作出反应，主动迎前，以小幅度的后引拍动作将发球回击过去。可固定回击路线，如直线、小斜线和中路等。

练习要点：当发球方向上抛球时，要向前跨一步，随之做分腿跳步动作，使身体重心落在前脚掌，以便于起动和主动回球。

2. 接近底线发球练习

练习目的：建立基本接发球意识，体会完整接发球技术的运用，减少失误。

练习方法：基本同上一练习，只是发球方站在底线发球区内。

练习要点：当来球较快时，主要以挡击的方式回球，但必须有一定的向前推送动作。

3. 接二发练习

练习目的：抓住对手二发机会，争取主动或直接得分。

练习方法：发球方用二发方法发球，接发球方当来球较慢时，应抓住机会打出直线或斜线的变化。

练习要点：接二发时要有迎前动作，可以做一个充分的引拍和转体动作，将球有力地击到想要打的区域。

4. 接近网发球练习（快速球）

练习目的：提高接发球的反应能力。

练习方法：发球方在发球线与单打边线交界处发球，用较大的力量发球,可有针对性地发内角、中路和外角球,接发球方在判断对手发球后,迅速作出反应,主动迎前,以小幅度的后引拍动作将发球回击过去。

练习要点:快速起动,球拍对着对方场地,主要以挡击完成。

六、截击球技术的教学与训练

截击球是网前技术中的一种攻击性击球方法,即球在落地之前,将球击回到对方半场区,这种击球回球速度快、力量重、威胁大。截击动作必须正确才有威力。打截击球也分正手和反手,这两者除了身体的方向不同之外,可以认为其他是基本相同的。相比较而言,反手截击的难度较大。常见截击球技术有正手截击球、反手截击球、高球截击、低球截击和中场截击等。

(一)握拍法

打截击球最好是采用大陆式握拍,但对初学者和腕力不足的女性来说,使用西方式握拍法较为合适。到了中级水平,可以使用东方式握拍法。而水平高的人则使用大陆式握拍法,这样无论是打正手还是反手都不用更换握拍法。

(二)截击球击球动作要领

正手截击球击球动作要领如下(见图5-24)。

图 5-24 正手截击球击球动作要领示意图

准备姿势与一般击球大体相同,距球网2~3米,在对手击球前保持静止,精神集中。

截击球的后摆动作不应过大,击球点应保持在身体前方30~60厘米,要向前迎击来球,注意拍头不要下垂,要保持拍头高于手腕,击球时手腕固定,拍子应紧握,击球时拍子不能移动。

后摆之后，正手击球要向右斜前方迈左脚，身体重心向前移，击球时手腕固定，拍面与地面保持垂直。

反手击球则向左前方迈右脚。并且反手击球时，击球点比正手要更靠前。

（三）截击球注意事项

高于网的球，截击时平击的成分可多一些，打出具有进攻性的力量较大的深球或斜线球。低于网的球，必须充分下蹲，保持拍头仍然要高于或平行于手腕，以利身体重心的稳定。截击球的中下部，成为切削下旋，这种低于网的截击球，不宜打得力量太大，应以推深落点为目的。如果对手来球力量太重，自己就不应再主动发力，只要握紧球拍打准落点即可。截击球除要求打深落点和打斜角度以外，也可以用截击打法回击短球，这项技术需要较好的手上感觉和良好的控制能力。

上网截击要十分警惕对手的破网和挑高球，因此站位的选择是很重要的。一般要站位于对手破网的直线和斜线之间所形成夹角的平分线上，并多注意保护直线空当。

（四）截击的几种使用方法

1. 中场截击

中场截击在网球训练及比赛中，通常被称为一拦，即第一次拦击。在实战中，发球上网或随球上网不可能直接冲至近网，上网途中在发球线附近有一短促的停顿和重心转换，然后迎球做中场截击。中场截击球质量的好坏，直接影响到网前能否得分，所以中场截击球在网前截击球技术中起着很重要的作用，中场截击一般站位于发球线中点附近。对不同高度的来球，应及时转体和引拍，调整好拍面的角度。当来球速度较慢，可加大引拍幅度和击球力量，提高回球质量。中场截击应把球击深或打出角度，使对手难以回球或触不到球。击球后应向网前迈进，准备近网截击或高压球。

2. 近网截击

近网截击的站位比中场截击要靠前，位于发球线前1~1.5米距离，它是网前得分的主要手段。近网截击的果断和落点的准确，能给对手以致命的打击。判断清楚对手来球的速度、高度及球的角度后，要迅速启动调整位置，控制拍面。如来球快而平，拍面应稍开，击球中下部，手腕紧固，以短促的动作向前向下顶撞来球。如来球快而高，拍头应竖起，拍面几乎和地面垂直，向前下击球中部。

3. 低位截击

当来球较低时，只能采用低位截击技术，低位截击比高位截击难度高。由于来球大多低于击球者眼睛，这就给击球的判断造成困难。因此，低位截击动作要领是降低身体重心，屈膝至适宜高度，而不是直腿弯腰，移动时如采用弓步，后膝盖几乎触及地面。击球时，拍头低于手腕，拍面开放，在身体前面击球，击球点在球的后下部，击球后向着击球方向随挥。

4. 高位截击

当来球较高，但又不够高压球的高度时，往往以高位截击技术来完成击球。动作要领是快速转体和向后上引拍，手腕上翘使拍头竖起，拍头朝上，手臂和球拍呈"V"字形。挥拍击球时，球拍对准来球做高位切削动作，击球点为球的后中部，击球时身体重心积极跟上，并伴着身体重心的前移，完成短促的击球和随挥动作。高位截击看似简单，但很多人在打高位截击球时仍会打出界或不过网，前者原因多出在引拍过大，击球点过晚，后者主要是截击过早，拍面关闭过多而造成的。

5. 近身截击

近身截击是指当球朝着自己身体快速飞来时所采用的截击技术，这也是网球比赛中被经常使用的技术。近身截击动作要领是，当来球朝着身体飞来时，快速把球拍挡在身体前面，多数情况下，使反拍面朝前，手臂几乎伸直。击球时手腕绷紧，拍面在身体前方挡击来球。近身截击多数受动作限制无法发力，多以防御为主，但可以通过手腕及拍面的变化来控制球的落点。

6. 反弹后截击

当来到网前时，很难进行直接的截击，这时不得不让球落地，在球向上反弹时进行截击。截击时要调整好脚步，及时做好转体引拍动作，拍面对着击球方向。击球通常是深球或网前小球，深球要多往前送，放小球要放松手腕让球轻轻离开拍子。这两种球，都尽量用很低的弧线使球过网。

7. 抽球截击

抽球截击是落地球和截击技术的结合，通常用正手，这是一种极具攻击性的截击，而且常带上旋，这种球通常在中场回击与肩同高的慢速球中使用。抽球截击时，应使用与击落地球同样的握拍法，要有完整的引拍动作。

（五）常见错误动作

①眼睛不盯球。

②击球点位置偏后，向后引拍幅度过大，准备不足。

③击球时身体的重心偏后，用手臂控制球。

④准备击球时站位太死，移动不灵活，起动慢，截击不能及时刹住。

⑤击球后，没有转肩，动作脱节。

⑥身体重心高，屈膝不充分，膝、踝关节紧张。

⑦靠小臂来带动上臂，手腕松软，没有用转肩的力量。

（六）截击球练习方法

1. 短握拍截击练习

练习目的：熟悉截击方法，体会击球感觉。

练习方法：两人分别站在球网两边，距网2～3米，练习者右手握住拍颈，上前挡击同伴抛向其左侧或右侧的球。

练习要点：以完整动作完成，眼睛几乎和拍头齐高，并紧盯球，体会截击感觉。

2. 对墙凌空托传球练习

练习目的：体会截击感觉，学习如何控制截击球的力量。

练习方法：面对墙壁4～5米站立，用球拍颠球5次，然后正（反）手将球推送上墙，反弹后再用球拍接住，继续颠球5次。连续10个回合后，改颠球4次，连续10个回合，改颠球3次，以此类推，直到直接与墙进行正（反）手截击练习。

练习要点：脚步积极移动，击球时手腕要固定，拍面对着墙壁。

3. 正常握拍截击练习

练习目的：掌握截击方法，体会完整截击动作。

练习方法：两人分别站在球网两边，距网2～3米，练习者右手大陆式握住拍柄，上前挡击同伴抛向其左侧或右侧的球。

练习要点：以完整动作完成，眼睛几乎和拍头齐高，并紧盯球，上步截击。

4. 想象截击球练习

练习目的：用想象练习提高击球力量。

练习方法：在截击球时，想象球拍面的中心区有一枚大头针，击球时要有把大头针刺进球里面的感觉，如此可以保证击球时身体重心的跟上、手腕的固定及力量的体现。

练习要点：击球时身体重心要及时跟上，前点击球。

七、高压球技术的教学与训练

（一）握拍与准备姿势

高压球的动作与发球相似，握拍也与发球握拍相同，当对于挑高球时立即侧身转体并用短促的垫步向后退，同时侧身，持拍手上举，在头部位向后引拍，重心在后腿上并保持后腿弯曲，随时准备跳跃扣杀。

（二）高压球击球动作要领

握拍：高压球的动作与发球动作相似，握拍也与发球的握拍动作相同，大多采用大陆式握拍法或东方式反手握拍法。

准备姿势：打高压球的准备姿势与一般情况基本相同。但是在网前准备姿势中，既要准备打截击球，又要准备快速后退打对手挑高球。一旦对手挑高球，应侧身转体并用短促的侧滑步、垫步或交叉步快速后退，眼睛始终注视来球。

后摆球拍：在脚步开始调整、身体位置相应变化的同时转体、侧身，迅速抬起右手，肘部抬起约与肩高，拍头向上。

（三）高压球的种类

高压球分为近网高压和后场高压，落地高压和反手高压。

1. 近网高压

对手挑高球落点位于发球线之前，就可迎上去大力扣杀，此时的击球点可偏前，以便击球时向下扣杀。

2. 后场高压

对手挑高球落点位于发球线以后，此时要大胆果断，就像打正常的高压球一样，击球点可偏后，步法及时移动到位，迅速跳起给予猛击，击球后的跟进动作要长些，向前向下扣杀。

3. 落地高压

当对手挑出直上直下的高球时，可等球落地弹起后再打。这可增加打高压球的把握和信心。一般这种高球落地后跳弧线是直线向上的，所以要步法移动迅速，退至球的后面，调整好击球点的位置，然后向前还击球，像发球一样向下击球，落点对准发球线与底线之间，这样能提高击球的成功率。

4. 常见错误动作

①击球点不准确，因而击偏和造成漏球。练习方法：首先是练习者挑高球进行高压球练习，准确掌握好击球点；然后由同伴在对方场地抛定位高球，进行高压球练习，以使自己对来球方位进行准确判断，并掌握准确的击球技术，不使球击偏、击漏。

②移动步法不灵活、不及时，取位不当，造成击球无力，如同是推挡来球。练习方法：可由同伴在对方场地有意识抛不定位高球，使击球者采用合理步法，及时移动、取位，练习高压球；当球在空中时，练习者采用左手（非持拍手）向前上方指着来球，侧身对着网，这将有助于使球保持在体前位置，解决侧身不够的错误动作。

③击球时没有抬起下颚，两眼注视球不够，对来球的落点判断不准，造成击球时挥臂不及时和没有在最高点击球。在准备击球时，眼睛注视来球，当球在高空时，要保持抬起下颚的动作，使眼睛注视球的飞行轨迹，对球的落点作出准确的判断，以便保持正确的击球位置和拍面击准球的部位。

（四）高压球练习方法

1. 手臂"鞭打"动作

练习目的：体会高压球的手臂动作方法。

练习方法：抬高肘关节，向前、向上、向远处抛球或手持毛巾等软状物体，连续做向前、向上"鞭打"动作。

练习要点：动作放松，大关节带动小关节，大肌肉带动小肌肉，动作协调。

2. 持拍做高压球动作的模仿练习

练习目的：体会握拍时手臂"鞭打"动作及判断高压球的击球点。

练习方法：在击球点位置放一个标志物（树叶或悬挂物等），提高模仿练习的实效性。练习要点：手臂放松，特别是手腕放松，要有明显的肘关节的制动及扣腕动作。

3. 移动接球练习

练习目的：提高移动判断击球点能力。

练习方法：教练在中场喂送高球，练习者站在对面场地中间，通过脚步移动，在身体前面最高点伸直右手接球。

练习要点：脚步不停移动，体会击球点位置。

4. 对墙高压球练习

练习目的：提高移动判断能力，体会击球动作过程。

练习方法：在距离练习墙6～7米处自行抛球，把球打在墙前大约1米的地上，球反弹后到空中，可连续击打高压球后的反弹球。

练习要点：脚步积极移动，注意侧身对球，控制击球力量，保持动作的连贯性。

八、挑高球技术的教学与训练

挑高球通常被用在防守中，把球挑过在网前的对手。虽然同一般的底线击球方法相似，但挑高球时拍面开放，后摆准备动作小，向前挥动时向上较多，向前较少。高球的种类：根据挑高球的性质，挑高球可分为两种性质，即防守性高球和进攻性高球。

（一）防守性高球

也称下旋高球，它飞行弧线高，比上旋高球易控制，具有失误少的优点。在底线对打时被对手调离场地时挑下旋高球，能赢得时间回到有利的位置。如果能掌握下旋高球，同样能不给对手在网前扣杀的机会。

1. 握拍方法

正手和反手挑高球与地面击球一样，都需要用东方式握拍法。

2. 防守性高球击球动作要领

挑下旋高球与上旋高球一样，同样需要动作隐蔽，因此它的握拍、侧身转肩、向后引拍应尽量与底线正、反拍击下旋球动作一致。

击球时拍面朝上，触球点在球的中下部，由后下方向前上方平缓挥拍击球，似"舀送"动作的击球法。为了更好地控制球的高度和深度，尽量使球在球拍上停留的时间长一些，动作要柔和。

随挥动作与底线正、反拍击下旋球一样，跟进动作充分，结束动作比上旋高球结束动作要高，此时面对球网，重心稍靠后。

3. 防守挑高球注意事项

①眼睛始终看着球。
②移动中引拍，边跑边向后拉拍。
③从球的下部着手，并加长击球时间，好像向上端送出。
④击球时手腕绷紧。
⑤跟着球送出的方向，向高处做随挥动作。
⑥击球后快速回到有利防守的位置。

（二）进攻性高球

进攻性高球又叫上旋高球，对付威力强大的网前截击型对手，强烈的上旋高球是"致命的武器"之一，它能打乱对手的网前战术，这种球能疾速飞过网前对手，迅速落在后场，使对手既够不到又追不到，即使勉强打到高压球，也是软弱无力，从而露出空当。给破网得分创造机会。

1. 进攻性高球击球动作要领

挑高球动作要尽可能和底线正、反拍上旋抽击球动作一样。完成引拍动作时，要使手腕保持后屈。

在挥拍击球时，拍面垂直，拍头低于手腕的位置，采用手腕与前臂的滚翻动作，由后下向前上挥拍，做弧线形鞭击球动作，使球拍在击球瞬间进行擦击，以产生强烈上旋，击球点在身体侧前方，重心落在后脚。击球后，球拍必须朝着自己设想的击球方向充分跟进。

2. 进攻性高球注意事项

①眼睛自始至终看着球。
②准备动作要与打落地球相同。
③紧握球拍，绷紧手腕。

④击打球的底部并送出球拍，加长击球时间。
⑤完成充分的随挥动作。

（三）常见错误动作

①眼睛不盯球。
②击球时手腕不紧，击打不到甜点（网球拍的最佳击球点）上。
③步法不到位，击球点不准确，挑不出高质量的球。先由慢到快，由原地到近距离，逐步增加难度，直到较远距离的跑动步法的训练，从而保证准确的击球点，完成高质量的挑高球。
④引拍动作不够隐蔽，过早地暴露了挑高球的意图，这样即使挑高球的质量很好，但效果却不好，起不到变被动为主动，或直接得分的作用。
⑤急于求成。首先学进攻性挑高球，达到直接得分的目的。

（四）挑高球练习方法

1. 自我挑高球练习

练习目的：了解挑高球动作方法，体会上旋和下旋挑高球的不同。

练习方法：练习者站在底线附近向上轻抛球，待球反弹后运用正（反）手做挑高球练习。

练习要点：将球抛在体侧，蹬腿后全身协调用力，控制好拍面并要有随挥动作。

2. 隔网挑高球练习

练习目的：掌握上旋和下旋挑高球动作方法。

练习方法：两人隔网站立，一人站在网前向站在底线的练习者送球，可利用多球进行专门的挑高球练习，送球速度由慢到快，也可进行先定点后跑动的不定点练习，提高练习难度。

练习要点：上旋挑高球时，由后下向前上的弧线形鞭击动作明显，使球产生强烈上旋；下旋挑高球时，为了更好地控制球的深度和高度，尽量使球在球拍上停留的时间长一些。

3. 隔网对抗挑高球练习

练习目的：提高临场挑高球能力。

练习方法：一人站在网前或场地中间进行高压击球，练习者在底线练习挑高球。

练习要点：练习者移动迅速，击球时拍面对着同伴，时间充分时主要以上旋挑高球回球，注意保持击球的连贯性。

九、放小球技术的教学与训练

放小球是为了战略需要。掌握了放小球技术，可使自己打法多变，令对手捉摸不定。所以值得花时间去练习，以便使自己的网球技术多样化。

放小球看起来容易，实际上并不好打，这是一项要求打得稳、打得准的技术。击球时先给人以打一般落地球的印象，但到最后一瞬间减慢挥拍，轻柔地擦击球，使之过网后能在对手赶到之前就落下。小球放好了，常常可以直接得分；放不好，则会落入网下或者给对手提供机会而回击得分。只有掌握了正确的基本技术，以及对自己控制球的能力有信心时，才可以尝试去放小球，它只能作为突然袭击的"武器"使用。

（一）握拍法

正手和反手放小球的握拍方法相同，要使击球具有隐蔽性，一般使用东方式或大陆式握拍法。

（二）放小球击球动作要领

击球前的准备动作与正、反拍击底线球动作相同，球拍后引，侧身对网，拍头高于设想的击球点。

侧身还击来球，击球时拍面稍开，动作柔和，触球点在球的下部，使之产生下旋，并以适当的前推或上托动作把球击出，使球以适当的弧线落在对方球场近网处。

击球后身体重心向击球方向跟进，用自然协调的动作来完成随球动作。

（三）放小球注意事项

如果知道对手不愿上网，想使对手上网的话，便可用挑高球的动作迷惑对手，但要注意的是引拍动作一定要隐蔽，给对手造成假象，再出其不意地放小球。

（四）放小球练习方法

放小球要解决的主要问题是放球的距离问题，太深容易让对手有充分的时间做好击球的准备；太浅容易导致球直接下网，因此必须熟练掌握下旋切球的技巧。

1. 对墙放小球练习

练习目的：体会放小球的动作方法。

练习方法：练习者距墙5~6米，用球拍送球上墙后，等球落地两次或一次后再轻削送球上墙，可用正手或反手练习。

练习要点：用切削推送并减速的方法完成放小球动作，保持连续进行。

2. 反弹放小球自我练习

练习目的：体会放小球动作方法与控球力量。

练习方法：练习者站在底线，自我抛球，待落地反弹后，用正手或反手下旋方式切球，送至对手网前。

练习要点：眼睛看球，击球时手腕由握紧到适度放松，轻巧地触球让球产生明显下旋特征，使球刚好过网，并且反弹得很低。

3. 凌空放小球练习

练习目的：提高对球的判断和控球能力。

练习方法：练习者站在底线将球抛起，高于头顶约0.5米，用正手或反手切削球方式，凌空送球。

练习要点：不要让球落地直接送球，如果一开始的感觉不准，不好控制球的话，也可以先让球落地，待它反弹后再切球，随后重新抛球，尝试凌空直接切到球。

4. 场地实战练习

练习目的：提高在移动中放小球的能力，改善临场应变能力。

练习方法：同伴站在底线向对面场的任一区域送球，练习者判断移动后，用削球动作放小球。

练习要点：要让球过网后落在距离球网2~3米内，且落地后能产生向后反弹的效果，放小球动作要有一定的隐蔽性，不可过早暴露意图。

十、步法技巧的教学与训练

随着网球技术水平的快速发展，步法在比赛中占据着重要的地位，步法可以很准确地对技术动作进行衔接，保证各项技术的顺利进行。在网球比赛中，网球的场地相对比较大，运动员要想保证击球的到位需要具有快速变向、急停、急起的能力。为了能够在比赛时快速地改变方向，急停急起，一旦学会了基本的移动模式，就应该强调单位时间内的步频和步数。为了提高场上移动技能，不仅需要掌握单一的移动技能，还必须掌握移动模式的组合。因此，做好步法技巧的训练是极有必要的。

（一）基础步法

在网球的不同技术中，除了发球外，其余完成每项技术动作既有各自不同的移动特点，也包含有相同的移动步法。其中，基础步法包括以下几种。

1. 垫步

此步法多运用于网前截击与接发球技术当中。

两脚左右开立，判断对手击球意图后，膝关节微屈，双脚稍微跳离地面，落地时两脚与肩同宽，重心放在两前脚掌，脚跟提起，并保持肌肉放松。垫步能流畅地调整身体、快速向任何方向移动。

运动员在每次击球之前，尤其是在接发球以及在网前截击的时候应该采用的步法是分腿垫步法。开始的时候是准备状态，当对手开始挥拍的时候，要使膝盖弯曲，做一个高度不超过 5 厘米的跳跃，双脚前脚掌着地并且要使双脚间的距离比肩稍微宽点，这样会呈现出一个较为合适的站位，在面对对手的下一次击球的方向可以突然动起来。

2. 滑步

在准备击球或者是在击球后回位的时候，如果距离较为短，大部分的运动员会采用滑步（见图 5-25、图 5-26）。滑步主要是运动员面对球网，用外侧的腿向想要移动的方向进行滑动，在这个过程中，大腿内侧的腿向该方向移动的时候，两条腿在空中会接触，之后就可以进行一个准备击球的状态。

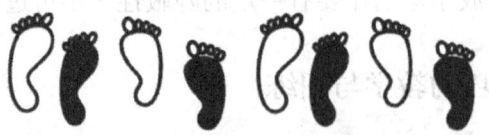

图 5-25　左滑步示意图

图 5-26　右滑步示意图

3. 交叉步

交叉步（见图 5-27、图 5-28）较适用于处理距离远而需要做大幅度移动的球。

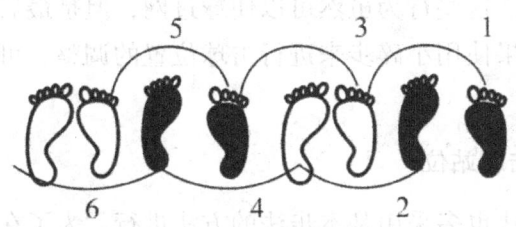

图 5-27　左交叉步示意图

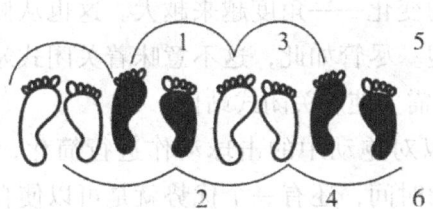

图 5-28　右交叉步示意图

侧身向击球方向移动，两脚呈交叉状向侧面跨步。向右侧移动，先跨左脚在右脚前；向左侧移动，先跨右脚在左脚前。在击球之后，要马上回到赛场的中央。

在为下次击球做准备的时候最好选择交叉步。在往赛场中央进行移动的时候，需要使得肩膀尽量与球网保持平行，重心在两腿中间，呈交叉状向侧面跨步移动。如果向左移动，应该先跨右腿在左腿前，反之同理。当运动员要拍击离自己距离较远的球的时候就需要进行大幅度的移动，那么此时就需要先侧身，快速跑向球的方向。但是不能每次击球都这样，会使自身的变向能力受限，还会出现失误，乱用步法。

4. 小碎步

在打落地球的时候，可以使用小碎步，让自己调整到击球的最佳位置。

当接近击球位置时放慢脚步，两脚做小幅度的调整，然后再跨步击球。如果运动员与球的位置较近，那么就可以使用这种步法。很多顶级的职业选手都会通过小碎步来调整在挥拍击打落地球前的击球位置。大部分的业余选手认为，可以到达击球附近的位置就可以了，这样会出现以下弱点：击球的时候会弯腰，或者伸长胳膊去够球打球，或者做出一些非常规的动作。这些行为虽然可以使球过网，但是最后达到的效果也许并不理想。如果使用小碎步来进行击球位置的调整，可以提高自身的击球能力和水平。

（二）底线击球站位

底线移动步法也多采用基本步法的方法进行，为了在来球中找到最佳位置，就必须认真地选择适合自己的步法，以求在球场上合理地调配跑动范围，争取更多的主动。在步法的不断完善中，非常突出的变化就是运动员站位角度的变化——角度越来越大。这也从侧面证明了开放式步法越来越受到欢迎。尽管如此，这不意味着关闭式站位被淘汰，因为在打反拍球的时候还需要使用关闭式站位。

开放式站位可以对跑动中的击球动作进行简化，这可以为下一次的击球争取到更多的时间，还有一个优势就是可以使自身打出的球有更多的上旋成分。下文对常常出现在球场上并行之有效的步法和站位进行论述。

1. 关闭式站位

关闭式站位需要引导腿向相反的方向跨出进行击球。

在过去，关闭式站位是作为击打多数球的方法，一般来说，运动员会在跑动的过程中完成挥拍，但是就当前而言，其通常用来反手击球，尤其是适合单手反手的运动员，因为这种身前的交叉步法转动幅度较小，会限制运动员回球的方式，这就造成了只能回底线球的状况。

为了顺利进入下一个击球的位置，运动员在采用关闭式站位的时候需要调整前后腿的步伐（见图5-29、图5-30）。

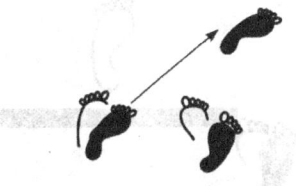

图 5-29　正手击球关闭式站位步法

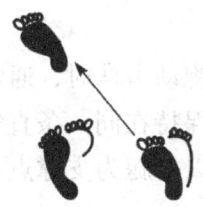

图 5-30　反手击球关闭式站位步法

2. 直角式站位

如果有时间完成击球的准备动作，并可以迅速回到下一次击球的位置，这种拉拍就可以最大限度地发挥力量。

这种动作有个别称叫作"半开放式拉拍"，一般来说，运动员的位置越靠近场地中央，使用直角拉拍的机会就越高。练习方法：在后腿的正前方放好球，前腿朝着球的方向迈出去，自然转动后退，引拍的动作要足够开放，使得运动员可以很容易完成转腰的动作。另外，还能通过转移身体重心的方式来击球（见图 5-31、图 5-32），这个动作完美结合了身体重心转移的爆发力和腰部的转动。

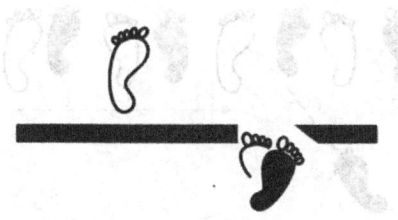

图 5-31　正手击球直角式站位步法

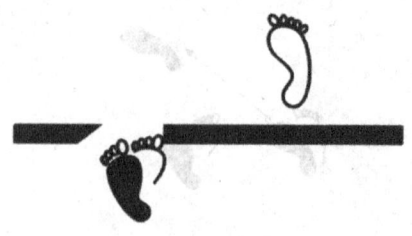

图 5-32　反手击球直角式站位步法

3. 开放式站位

运动员如果进行大幅度跑动击球时，通常会使用开放式站位。右手持拍的运动员将右腿与来球保持在同一条直线上，左手持拍为左腿，在引拍的同时转动肩部和腰，以右腿为支撑点，重心也在右腿上，进行缓慢移动。

在运动员挥拍的时候，自然地将身体转向场地，支撑腿呈现"蹬地"动作，这个动作不是必备动作，但是这个动作可以让球员保持平衡，而且还能帮助运动员将力量转移到球上。相对于开放式站位来说，如果球员采用关闭站位、直角站位击球的时候还需要多移动一两步。

4. 侧身攻步法

为了使用杀伤力更强的正手，许多优秀运动员往往选择在反手区采用正手侧身攻技术，以保证击球的攻击性。判断来球后，采用侧滑步向击球方向移动，待接近球时，右脚拉向左脚的后方，采用侧身位交叉移动，根据击球的路线采用开放式或半开放式站位击球（见图5-33）。

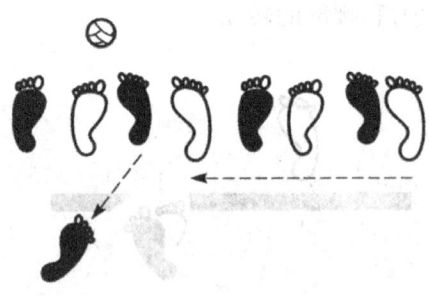

图 5-33　侧身攻步法示意图

（三）网前截击步法

网前截击位置多是通过跑动创造出来的，包括从后向前及横向移动等步法。

1. 移动步法

从后场跑到网前击球时，为能较好地抑制前冲的惯性，首先做出分腿垫步步法，然后采用交叉步进行截击（见图5-34、图5-35）。

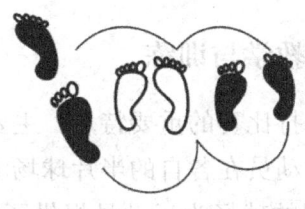

图5-34　正手击球网前移动步法

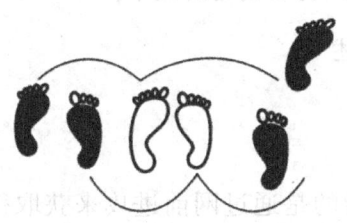

图5-35　反拍击球网前移动步法

2. 定点步法

当站位已处于网前，判断来球离身体较远时，首先做一到两步的横向滑步动作，然后运用交叉步向前迎击球。

（四）高压球步法

正确的步法，对于打高压球至关重要，不但有利于找到准确的击球点，而且也能控制好身体的平衡。

1. 后腿移动步法

判断来球后，左脚用力向后蹬地推动身体中心向后转移，接着左脚从前绕过右脚，完成一次交叉步，然后用侧滑步找球。

2. 向前移动步法

击下落的高压球时，需要向前的步法移动击球。判断好来球后，采用交叉步的方法向前移动，快接近击球点时，保持左脚在前做侧身垫步步法击球。

第四节　高校大学生网球战术能力的培养

一、网球单打战术教学与训练

注重击球的方式是单打比赛的重要特点，主要通过几种击球方式的组合来赢取得分。两位运动员在各自的半片球场上随意地站立，在比赛中不断变化、移动，开阔的球场为运动员提供了更加广阔的移动范围，这也影响着比赛的发展。

单打战术的特点：移动、爆发力、发球和非受迫的截击、击球方式的组合、根据自身强项和弱项制定的战术。

（一）单打战术概述

1. 单打战术分类

（1）上网型打法

上网型打法主要指的是通过网前进攻来获取得分的一种战术打法，主要有两个类型，一是发球上网，二是随球上网。发球上网是一种先发制人的打法。发球者利用大力的平击发球或弹跳高的上旋发球，有时也利用发球落点的变化，造成对手回球的困难，随即快速移动到离网较近的位置，以截击球或高压球取胜。随球上网的打法主要指的是当赛场上出现双发一直僵持在底线对攻时，在面对质量不好的中场球的时候马上抢点抽击随后上网。上网型打法要求：良好的发球技术，把握随球上网的时机，网前判断能力优异，脚步启动的爆发力。

这种类型打法的运动员具有善于结合使用两种击球（发球上网截击、随球上网截击）和快速向前移动的能力。他们一发的成功率和质量高，力求逼迫对手回击球质量不高，然后再通过网前截击和高压技术得分。这种打法通常在快速场地比在慢速场地发挥得更好。这是一种先发制人的打法类型。善用这种打法的运动员,通常都身材比较高大,而且具有较出色的发球和网前截击技术,较好的速度和力量素质,性格多数比较外向,与人比赛一般不爱恋战,喜好速战速决。

（2）底线型打法

是以正反手抽击球为基础的打法。可凭借快速、凶狠的底线抽击,准确、稳定的线路变化,迫使对手在场上疲于奔命,从而失误。这种打法要求击球逼深、逼角度,将平击和旋转球交替运用。这种打法多在底线对攻,很少主动上网,故耐力、敏捷的步法、击球落点等成为取胜的重要因素。此打法又可分为两种,一种是跑动型底线打法,其要求运动员要具有良好的步法及耐力,意志顽强并具有灵活的头脑。由于移动是其特长而技术少有威胁,因此该打法缺少主动得分的手段。另一种是进攻型底线打法,其特点是上旋发球技术稳定；接发球预判能力和手感非常优异；正反拍击球都具有很强的杀伤力。但是底线的优异凸显出网前预判能力的缺乏。

此种类型打法的运动员靠近底线抢点（提前）击球,以底线抽球的速度、节奏、旋转和落点变化来争取主动,善用这种打法的运动员,通常具有非常扎实的底线抽击球技术和快速灵活的移动能力。比赛中,主要凭借自己快速、凶狠、准确和稳定的底线抽击,迫使对手在场上疲于奔命而失误。采用这种打法的运动员,比赛中一般很少主动上网截击,只是在对手打出一个比较浅的球时,才随球上网进攻。一般在红土场地上比赛时更为有利。

（3）全能型打法

指运用各种技术进行攻击和防守的打法。要求运动员既能在底线来回击球,又能创造或不失网前得分的机会；当对手上网时,能击穿越球；对手击球较浅时也能随球上网,依靠灵活多变取胜。这类打法要求运动员技术全面均衡,在场地的任何地方都能将球处理好。全面型打法优势：发球时采用平击与上旋结合所制造的线路和旋转给对手直接威胁；在网前具有良好的预判能力；在跑动中也能得心应手地完成击球；掌控场上节奏的能力卓越。

采用这种打法的运动员通常都具有比较全面的技术,且没有明显的弱点。而且在实战中都比较善于随机应变地运用各种技术、战术,在各种性能的球场上都能较好地发挥出自己的战术水平,取得比较好的成绩。

2. 单打战术教学方法

网球战术教学应根据运动员掌握技术的情况和身体条件进行安排，无论是网前打法、底线打法或综合型打法中的哪一类具体战术练习，都可采用分类组合、循序渐进的方法进行教学。网球战术教学方法主要有以下几种。

（1）多球教学法

多球教学法和其他教学方法相比，可以对"单球练习密度不易加大""强度不强"等问题进行有效解决，可以帮助学生学习和巩固基本技能，保证自身的特长技术得到精练，促进特长技术的精进。用多球教学方法进行练习，拍数由少到多，由简到繁，线路由固定到半固定再到不固定。随击球、中场截击球、近网截击球、高压球以及发球上网打法、底线打法、综合打法都能根据其打法要求用多球教学法进行练习。

（2）比赛教学法

在网球运动教学中，有目的地安排技术与战术的搭配练习以及战术的组合练习，对加速提高技术与战术水平及战术组合有着良好的作用。在教学中运用比赛教学法可组织结合发球或不结合发球的半场对全场、全场对全场的进攻及防守反击的教学比赛；定点随球上网或不定点随球上网的教学比赛；定点破网或不定点破网的教学比赛；发球上网的固定线路到接发球不固定线路的破网教学比赛等。

具体来说，网球比赛教学法可细分为专门技术与战术比赛教学法和擂台式比赛的战术教学法两种。详细分析如下。

①专门技术与战术比赛教学法。对该教学法的运用，一方面可以提高学生在实战中专项技术的运用能力；另一方面可以帮助学生在对抗练习中不断提高防守和主动进攻的能力。运用专门技术与战术比赛教学法可在教学中组织发球上网和接发球破网对抗比赛，随球上网对破网的比赛，底线紧逼进攻与防守的比赛，在底线左、中、右处的击球比赛，限定区域比赛，2/3 场侧身正拍攻对全场的比赛，记分比赛等。

②擂台式比赛的战术教学法。该教学法有助于增强学生的竞争意识和处理关键球的能力。运用擂台式比赛的战术教学法可在某些战术练习课中安排 30~40 分钟 2 人或 4 人打 2 局或 7 分决胜负的比赛，胜者继续与别的学生比赛。也可根据学生掌握技术的情况及需要解决的技术，规

定对某些重要技术得分或失分给予奖励分和处罚分,以提高和改进重点技术的练习。

(3)检查教学法

网球教学的检查比赛战术教学法可以检查运动员当天或本星期的技术与战术练习存在的问题,以便在下阶段的教学比赛中加以改进,如每次练习课最后20~30分钟,可安排学生进行几局结合发球的战术练习;每周课程中安排1~2节技术与战术教学比赛进行强化练习。

除了上述几种应用较为广泛的教学方法外,网球教学还有记分教学法,即用记分的方法进行战术的结合和对抗练习,以提高实战能力。

(二)发球战术

发球在网球运动中是最有攻击性的一种战术和技术。就发球来说,与对手的实力没有任何的关系,不会受到对手对自身的影响。发球作为比赛的开始,一般也就意味着组织战术的起点。要想在比赛中赢得赛场的主动权就需要在比赛的最开始将发球作为战术的一部分。

发球击球时的种类不同,其所取位置及瞄准的目标有相应的变化,单打发球站位的最基本的前提是底线后中线附近。网球规则规定,发球方可以站在端线以外,边线与中心线延长线的区域内,任何一点其认为有利于自己发球的位置上发球。单打比赛,之所以取位于离中心线附近,是因为整个场地需要一个人来防守,无论对手将球接回到本方的哪个区域,在中心线上起步去追球,其相对距离都是最合理的。下面就根据发球的不同性质来介绍一下发球的战术。

1.各种发球的战术

(1)发平击球

动作要领:抛球的位置和击球点都在右肩膀的右前上方,双腿用力蹬地,让身体充分伸展,腰腹先发力来带动整个手臂,使手臂产生鞭打动作,最后用手腕的力量在最高点用扣压的动作将球击出。为了能达到平击的效果,手臂挥动时,一定要有手臂内旋的动作。

①平分区发球(右半区)。站在中心线附近,发球的目标是右区内中线附近。从这个位置上发球,球飞行距离最短,球可以从球网最低处通过,可保证较高的发球成功率,且球过网后飞向对手的反手方向,给对手接发球带来麻烦。

②占先区发球（左半区）。取位于中线附近，发球的目标是左发球区内中线附近。和平分区一样，发出的球可以从网最低处的位置上通过，此时球虽然是发到对手的正手，但是从中心线方向接回的球很难打出角度，发这种球有利于发球方防守。

（2）发切削球

动作要领：球抛的位置及击球点比平击发球都稍偏右一点，击球时像是从球的右侧向左沿水平轴横切球一样，使之产生旋转。

①平分区发球（右半区）。位于中心线向右一步的位置上，发球的目标是边线的内侧场地内。这样的发球落地弹起后会飞向场外，可把对手调离场地去接发球，使场地里存在大的空当，给发球方创造进攻的机会。

②占先区发球（左半区）。同样是站在中线的位置，向发球区边线内侧的场地内发球。球弹起后向左飞，给对手接发球造成困难。

（3）发上旋球

动作要领：抛球在头顶正中的位置，击球从后下方向前上方刷球的过程，使球产生明显的上旋。

①平分区发球（右半区）。站在中心线附近，球发向对手发球区的内角，上旋发球落地后弹跳比较高，对于接发球的人来说，在反手位接超过肩部的球，难度相当大，回球质量就不会很高，给发球方进攻创造了机会。

②占先区发球（左半区）。站在从中心线向边线跨一步的位置上，发球目标是对手发球区的外角。球弹起后，直逼对手的外侧，而且发球有角度，可迫使对手追出场外去接球。

2. 发球战术应遵循的基本原则

（1）攻击对手的反手侧

对于大部分的运动员来说，都有反手球技术水平不高的问题，在这方面很容易出现失误，是自身的弱点。因此，如果将球向着对手的反手位发，那么对手的回击球通常来说攻击性不强，就为下一拍进攻创造了条件，从而争取主动，最终取得这一分。发球时如果把球发向对手的正手侧，遭受攻击的概率就会大大增加。

（2）球发向对手的边角处

球飞向对手的边角处，对手在接这种球时，必须向边线方向快速移动且可能跑出场外，此时对手场区就会出现很大的空当，从而为进攻创造了有利的条件。

（3）把球发深

发深球会迫使对手移动到端线以外去接发球，因此接回的球不太可能有很强的攻击性。

（4）发追身球

接发球中，追身球是很难回击的一种球。因为球是直冲身体而来，回球时一时难以决定用正手还是反手接，这么一丝的犹豫就容易造成失误。

（5）发旋转球

发旋转球是发球上网型选手惯用的手段。这种球落地反弹较高，常常超过人的肩膀，给接发球造成了很大的困难，使其很难退出攻击性很强的球，甚至接发球失误。

（三）接发球战术

接发球和发球一样重要，因为如果不能破发就很难赢得比赛，而接发球是破发的基础。现代网球比赛中，发球、接发球的得分总和占一场比赛得分总和的40%还要多。好的接发球可以在一定程度上遏制对手的进攻，打破对手发球战术的计划安排，从而减少自己的压力。要想接好发球必须做到以下几点：准确的预判；合理的步法；迅速到位；正确的击球手法。当然，对于初学者要求很快做到这几点是很不现实的，但初学者必须清楚，这是努力的方向，这是在对手发球局争取主动的基础。下面就根据对手不同的发球介绍接发球的有关技巧。

1. 各种类型发球的接法

（1）平击球的接法

①站位。如果判断对手的发球是平击发球时，一般应站在底线稍后1～2米、靠近单打线水平约一步的位置上。不管对手的球发到正手还是反手，这种站位都可以冷静、从容应对。

②对策。当对手的球速很快时，引拍动作应该短小，及时地将拍面对准来球，借力将球顶回对手的场地，甚至可以不必挥拍，只将拍面对准来球即可。这时很难考虑和做到把球回到哪个区域，只注意争取把球打得越深越好。

（2）切削球的接法

①站位。切削发球在球落地之后，一方面具有向前的冲力，另一方面球还带着强烈的右侧旋转。在面对这种发球的时候，站位应该在平分区向边线靠近的位置，在占先区往中线靠近一点。

②对策。当对手的切削球的侧旋很强烈时，接这种球应及早向前踏步迎截，抢在球的方向改变之前击球，并且尽可能打深的对角线球，这样可以赢得时间，即使这时自己已经在场外接球，也会使自己有时间回到底线中间，准备下一次击球。

（3）上旋球的接法

①站位。上旋发球，球落地后，明显地带有强烈的向上旋转，甚至球会弹到肩部的位置，给接发球带来困难。所以在平分区接这种球时，可稍稍靠中间一些取位。此外，如果有着高超的记罚球技术，可以选择站在场内在球的上升点进行接发球，实现抢攻。

②对策。当对手的上旋发球落地弹跳得又高又远时，因为击球点越高回球越困难，因此回击这种球时应尽可能向前，在球没弹起之前将球击回。如果错过了这个前点，也可以在球下落的时候击打。另外，上旋球可以用切削来对付，这样有时可以收到意想不到的效果。

2. 针对对手的打法而采取的接法

为了给自己得分创造机会，在接发球的时候，就应该根据对手的打法类型制定自己的战术，进而一步一步实现自己的目标。

（1）针对底线型打法的发球者的接发球战术

①平击球的接法。对于速度较快的平击发球，可站在稍稍靠后的位置上接发球，这样做比较安全。接球时，考虑的是将球回到发球方底线附近较深的位置，而不是再想加力打出更快的大力球。沉着冷静地打深球应作为首选的回击方式。

②切削球的接法。对落地侧旋的发球取位的方法是在平分区时，站位应尽量向边线靠近；在占先区时，可稍稍向中线靠近一些。接拐向边线方向的切削侧旋球，最理想的回球路线是打向对手的对角线。因为自己接球时可能是在场地外来击打这个球，所以打对角线可以为自己回位争取时间。

③上旋球的接法。对于落地弹跳得又高又远的上旋球，如果不能及时在球弹起前回击过去，那么被对手攻击的可能性就较大。

接上旋球的对策是稍稍在底线靠前的位置上，注意在球弹起之前跨步上前击球。考虑到发球一方不是网前打法，等球下落时击球也可以，但是必须记住自己不能主动失误，且应首先把球打深。为了克制对手的上旋，可以采用下旋切球回击对手的发球，给对手的回球造成困难。

（2）针对上网型打法的发球者的接发球战术

①平击球的接法。利用对手的球速将球打到其脚下是接这种球的上策。这种回球会给自己创造很多有利的机会。如果沉着应付下一拍，很快就会得分。

②切削球的接法。接向边线拐弯的切削发球，通常比预想的还要靠外。这时，为了能争取时间回位，回对角线是关键，如果能打出深的斜线球就为打穿越球创造了条件。

③上旋球的接法。上旋发球的选手采用发球上网的较多，因为球在空中飞行的时间较长，发球者有充足的时间移动到网前，这时为了压制对手上网，应该抢先击打球的上升点，并把球打向对手的脚下。

（3）接发球战术的基本原则

①首先要保证把球安全地击到对手的场地内，不要想一拍获胜。

②尽可能将球回击到对手比较薄弱的一侧。

③对于接发球的方式进行主动变换。

④根据自身的情况和能力，对接发球的旋转和速度进行改变。

⑤根据发球方的站位变换自己的接发球位置。

⑥如果发球方采用大力的平击发球，接发球最好用挡球式接发球。球落地后主动向前迎击来球，而不是撞击。用一个正确的转体和转肩动作向后引拍，动作要小。

⑦接力量小、速度慢的发球，可以用快速击球或削球后上网进攻。

⑧接有角度的发球时要提前准备，朝球的飞行方向提前斜线移动，并回击斜线球，留在后场，及时回位。

（四）底线型打法的战术

所谓底线型打法主要指的是以底线正、反手击球为基础组织的战术，主要通过变化旋转、速度、落点来制造进攻的机会和途径，这也是这一战术的指导思想，对攻、拉攻、侧身攻、紧逼攻、防反攻是底线型打法的主要战术。

1. 对攻战术

底线型打法中的两面攻战术，主要是通过对底线正、反拍抽击球所产生的进攻能力进行利用，同时配合不断变化的速度和落点，双方展开阵地战，在赛场上争取主动，从而达到可以控制对手，击败对手的目的。

①通过速度来对对手进行压制，对于对手的弱点通过正、反拍抽击球的力量、速度来反击。

②通过正拍、反拍的抽击球对对手的弱点继续打击，以此对对手进行压制。

③用正、反拍的有力击球调动对手大角度跑动，从而寻找机会进攻得分。

④利用底线的两个角度来调动对手，再连续打重复落点，打乱对手的节奏，寻找机会进行变线。

2. 拉攻战术

在底线型打法中，拉攻战术是较为平常和普遍的一种战术，主要是通过以下方法促使对手左右进行移动：一是底线正、反手拉上旋球，二是正手拉上旋，反手切削球，在对手进行移动的过程中寻找空当和机会来取得得分的一种打法。

①通过正、反手拉强力上旋回击到对手的底线两个大角的地方，让对方一直在底线移动，不给对手上网的机会和底线反击的机会，看准时机，赢得得分。

②通过正、反手拉上旋球，紧接着加拉正、反手小斜线，让对手来回跑动，消耗体力，增加低质量回球的概率，寻找机会进攻得分。

③逼近对手的反手深区，寻找进行突击的正手进攻。

3. 侧身攻战术

在底线型打法中，最主要的进攻手段就是侧身攻战术，侧身攻战术通过强有力的正拍抽击球加上预判与步法的移动，主要利用正拍在三分之二的场地对对手施加攻击。

①通过连续的正拍发起对对手的进攻，以此为自身得分创造机会。

②调动对手移动可以通过正拍进攻，使用反手来对落点进行控制，寻找合适的时机使用正手进行出其不意的进攻。

③利用全场，压制住对手，逼攻对手的反手位，寻找机会对边线正拍进行突击。

④通过正拍连续打出重复落点进行攻击。

4. 紧逼战术

底线型打法中的紧逼战术主要是利用快节奏来对对手进行攻击的一种方法战术，这也是很多优秀的世界级选手常常使用的一种进攻型战术。

①为了给对手心理施压，可以在接发球的时候就步步紧逼，发起进攻。

②通过对对手的反手位进行连续逼攻，然后对正拍进行突击，寻找机会。

③对对手的底线两个角度进行紧逼，使对手在压力下出现回球的失误，寻找机会上网。

5. 防守反击战术

在底线型的打法中，防守反击战术有着重要的地位，在对防守反击战术进行执行的时候，会利用良好的底线控制球的能力，通过判断准、体力好、步法灵、反应快、击球准确的特点来调动对手的活动，在防守的时候寻找反击的目的。

①在赛场上，当对手使用底线紧逼进攻战术的时候，我们可以采用底线正、反手上旋球回击，将球回击到对手两个底角的最深处，不给对手创造可以进攻的机会，这样在比赛中寻找反攻的机会。

②当面对对手的发上战术时，在接发球局采用迎上借力来击球，通过将球打到两边小角度或者将球打到对手脚下，在下一拍的时候找机会反击得分。

③在对手运用随球上网战术时，这一拍应加快击球的节奏，首选对方空当，如果打空当有难度，应把球打向对手的身体，使对手截不出质量高的球，为下一拍进攻创造机会，进而反击得分。

（五）中场战术

中场区域是最重要也是最难掌控的区域。根据来球的高度可采用的击球方式有以下几种。

①当球弹跳低于球网时，可以采用向前跑动中随球上网。

②当球弹跳高于球网时，可以采用压制性正反拍击球获得这一分的胜利。

③以上两种情况出现时，采用假动作，放小球扩大场上优势获得这一分的胜利。

（六）综合性打法战术

所谓综合性打法主要指的是建立在技术全面性和基本功扎实的基础上，依据不同的比赛对手和战术的掌握情况、考虑战术的需要和场地的特点，对各种战术打法灵活选用的战术。综合性打法强调攻守的平衡性，遵循主动、积极、灵活的原则。

①在面对发球上网型的对手时，在接发球局可以抢攻；在发球局，将球回击到对手的脚下位置，在第二拍的时候准备破网。

②在面对随球上网型的对手时，不能给对手上网的机会，可以采用底线打深球战术将对手压制在底线。当对手已经随球上网的时候，可以采用拉上旋过顶高球或者采用两边不同节奏的击球实现破网。

③在面对底线上旋球的对手时，用正、反手对拉，在战术上采用发球上网或随球上网，通过反手的切削对落点进行控制，以此寻找进攻的机会。

④面对底线打法较稳健的对手时，可以通过紧逼战术、随球上网、发球上网等战术对对手的节奏进行打乱。

⑤面对接发球上网型对手时，在发球的时候要提高第一发的命中率，对发球的落点进行变换，从而把握赛场主动权。

二、网球双打战术教学与训练

双打和单打最大不同在于，双打是一场关于场地站位的较量，双打比赛中，相对狭小的空间限制了球员创造性的发挥，但也催生出更多合理的击球手段，一对双打配对可尝试不同的站位，然后找到最有效的应对对手的站位，并且，根据对手的情况，进行变位。在双打比赛中，任何高水准配对的首要的战术目的都将是尽一切可能先占据最佳的网前进攻位置。道理很简单，在单打比赛中，防御性的战术如果运用得当往往也会取胜。但双打比赛却主要靠主动攻击取胜。双打比赛中最有利于进攻的位置是在网前。谁能占据网前谁就把握住了比赛的主动权。

（一）双打战术概述

1. 双打战术的特点

双打是两人配合的比赛项目。从实际情况出发，针对对手的情况制定相应的双打战术方案是十分必要的，但在比赛过程中预订战术的实施要靠两人的密切协作与默契配合。与单打相比，双打战术的变化性与机动性都非常复杂。因此，不管是在高水平的双上网的对攻战中还是在中低水平的攻防中，可以达成瞬间的默契与配合是非常难得的，这也成为双打战术中最为突出的特点，成为战术成功与失败的关键点。为什么有些优秀的单打选手双打的成绩却平平呢？除了单、双打属于两种不同的战术体系之外，有些单打选手在双打中缺乏协作意识，造成比赛失利也是主要原因。两个人只有在互相了解和信任的基础上才有可能建立"默契配合"，这需要二者进行长期的训练与磨合。优秀的双打配对应该是互创条件、相辅相成、紧密合作、扬长避短的，应该在赛场上互相鼓励、有呼有应，就算遇到失利的情况，二者也可以愉快、融洽地进行配合。

2. 双打与单打的区别

就网球战术来说，双打与单打在这方面有着完全不同的特点，具有很大的差距，但是，双打的比赛也需要个人发挥单打技术，以此为基础进行配合来完成比赛。

从整体上来看，双打比赛主要是网上截击，单打比赛则主要是打落地反弹球。双打和单打在形式和打法上有着完全不同的特点。双打是以截击为主，由两人组成的利用绝对有利的阵型来完成比赛，单打与之相反，主要依靠在底线打落地反弹球来进行比赛。对于双打与单打的区别具体如下。

①一般单打第一发球的力量较大，多用平击的大力发球，因此命中率比较低；而双打要求发球上网（特别是男子双打必须发球上网），要求第一发球的命中率在75%以上，并强调落点位置，所以多采用命中率较高的切削发球或上旋发球，落点应在对手的弱点上，以利于上网或给同伴截击创造机会。

②单打战术要求尽量把球击向场地两角深处，球过网的高度可在1.20~1.53米；而双打要求把球打低些，打好落点球，防备对手截击。

③双打比赛挑高球的应用比单打多，高压球的机会也多。因此，双

打运动员应更加注重截击和高压球技术的提高。

④双打经常出现双方4人同时上网，短兵相接，激烈对攻。由于往返球速快，运动员的反应也必须更快，动作要迅速，判断要准确。双打中可采用二打一的战术，多攻对手较弱的选手。

⑤双打时，两个人的优缺点可以相互补充；而单打则必须靠一己之力来克服本身的弱点。

3. 双打的配对

对双打配对的选择是一个非常重要的决定，赛场中所组成的每一对优秀的双打组合，不仅需要在战术上可以相互补充，同时还需要在个性上进行补充，在感情上相处融洽。在对双打对手进行挑选的时候，两个选手之间应该建立在相互了解的基础之上，尤其是二者了解彼此在比赛压力较大时所表现出的行为方式和反应类型。

一般来说，成功的双打配对会由两位个性互补又完全不同的选手组成，二者之间的个性差别不是配对的短处，恰恰是长处。在磨合中，应该给双方一定的时间去了解自己伙伴的情况，包括在压力的情况下，彼此如何作出反应。在出现压力情况下，选手双方应该稳定情绪、相互扶持，对方向进行明确。

根据上述的理由，需要对不同类型的同伴进行试验搭配，主要考虑在风格和个性的不同方面，以此来确定什么类型的选手可以成为最佳的搭档。

确定配对时，应遵循以下几点。

①如果有一名实力强的选手，通常他应打反手一侧，因为通常在这一侧能得到更多的积分。

②如果有一名左手握拍选手，通常他应打左侧，两名选手的反手比正手都好的情形除外。

③如果有一名擅长打右场或左场的选手，他应打擅长的一侧。

4. 双打战术的分类

（1）双上网型

此阵型的主要特征：发球或接发球后采用上网战术，网前截击能力较强，步法灵活快捷，进攻意识较强。

双上网型战术的根本目的在于积极创造一切机会和条件利用强有力的发球和接发球技术来对上网时机进行抢先，在占得上网时机后，会对来球在空中截击，以此抢占有利的攻势，并且通过落点的变换和速度的变化创造得分的机会。

（2）一底一网型

此阵型的主要特征：技术比较全面、均衡，无明显漏洞。根据分工的不同，网前选手抢攻意识要强，利用站位给对手击球施加压力，底线选手利用正反拍的进攻，落点与击球节奏的变化，为网前选手创造抢攻或得分机会。

一底一网型战术的根本目的是通过变化底线落地抽球的力量、速度、旋转、落点来积极调动对手，以此来争取赛场上的主动权，质网前选手获得抢攻机会和得分机会。

（3）综合型

此阵型的主要特征：选手的技术比较全面，能攻能守。除底线正、反拍击落地球技术比较好以外，还掌握较好的中前场技术、发球、接发球技术，穿越球能力也比较强，根据对手的不同打法、不同特点，能采取不同的应对战术。

此战术的根本目的是战术灵活，变化多变，有时能采用双上网的打法，以快、狠为主要手段，占有前场有利阵势，为己方创造抢攻机会得分。有时也能采用一前一后的打法，底线选手利用快速、多变的正、反拍技术，控制、调动对手，为网前选手创造抢点进攻和得分的机会。在接发球时能采用双底线打法，以守为主，守中反攻，伺机取得比赛的胜利。

（4）澳大利亚型

此阵型的主要特征：发球时，在网前的发球方队员，站立在发球员的同一侧，发球员则站立在中点附近发球。发球员发球后，立即跑向对角线上网，去封截在基本阵式中由网前队员负责管辖的那半片场地。

此战术的根本目的是迫使对手分散注意力，改变原来习惯的击球方法和节奏，使得他们不能按原来所习惯的回击斜线球来进行接发球，而逼他们打不擅长的直线接发球。由此而见，澳大利亚主要适合针对不擅长进行直线接发球的选手。

澳大利亚式站位主要指的是在双打比赛中，发球方的两个队员以一前一后的形式站在场上，主要是站在场上接近自己场地的中间线位置的一种站位组合方式。澳大利亚式站位会破坏对手的接发球节奏，给对手施压，以此来创造己方的发上和抢网有利条件。

在采用澳大利亚站位的时候，发球方的一发一定要有较高的成功率，相对于一发而言，二发澳大利亚站位对对手的威胁性会降低很多，此时应该避免使用澳大利亚式站位。因此，此时对方接球员对于来球会有极大可能成功的预判，会导致赛场中主动权的丧失。在使用澳大利亚站位的时候需要提前和同伴进行沟通，对于发球的落点和是否抢网的安排进行确定。

（5）双底线型

此阵型主要特征：发球或接发球质量不高，对对手的威胁性较低，两名选手均留在底线，利用底线抽球的速度、力量落点和旋转变化降低被动局面。

此战术的根本目的是在比赛不顺利时采用防守性站位，然而，这种站位可能会改变比赛的进程，优点是降低发球或接发球劣势时的压力，使同伴不会在网前处于被攻击的状态。在比赛中起到过渡、稳定战局与以守为攻的作用。

5.双打战术的发展趋势

随着研究的深入，现代网球技术得以不断提高，网球双打的战术也朝着更加积极和快速进攻的方向发展，主要呈现出以下的特点：以攻为主、积极抢网、快速灵活、战术多变、默契配合、狠巧结合。现代双打网球需要充分发挥参赛者在技术上的优势，对于上网抢攻取胜需要尽全力争取，这使得双打整体的进攻和防御能力提升到一个更高的水平，具体表现在以下几个方面。

（1）发球局坚决运用双上网抢攻战术

①纵观世界上高水平的双打发球局战术，不管是第一发球还是第二发球都会果断选择双上网抢攻战术，女子双打、混合双打中也是如此。如果发球员上网的速度慢或者不上网，就有很大的可能性被接发球者进行抢攻，因此陷入被动的境地。双打失利的前兆就是失去网前的优势。

②为了使发球局网前抢攻的优势保持下去，重要的一点在于发球员掌握好发球技术。发球在双打比赛中有着特殊的要求，发球不仅在力量上表现出攻击力，而且在旋转变化和落点变化上表现出准确性和多变性。为了达到这样要求，就需要第一发球的命中率达到80%左右，在第二发球的时候，可以在力量不减的情况下，继续发起上网进攻，同时增加准确的落点和旋转，创造有利的上网抢攻条件。

③在发球局，在网前逼抢非常凶的情况下，在强有力的发球来配合

网前截击的时候，就会很少出现丢失发球局的现象，这成为高水平双打的重要标志之一，即使处于"抢七"的短盘决胜局之中，也不可以轻易丢失发球分，只有这样才能保证自身的优势局面和地位。

（2）接发球局的战术新特点

①接发球局的抢攻意识明显提高。在过去，双打是一个接发球局两个人都会站在底线上进行严密防守的形式，通过严密的防守期待对手会在网前出现失误，以此来取胜。就当前而言，在接发球局的时候如果不给予对手严厉的反击来创造条件进行上网进攻，就很难在对手的发球局中得分，毕竟就算自己的发球局全胜，对手的发球局没有打破也是没有办法取得比赛的胜利的。在双打战术上应该体现出能攻善守、攻守兼备，保持发球局与接发球局的相对平衡现象，如果在接发球局太弱，没有反攻的意识和能力就没有办法使双打达到一个更高的水平。

②接发球局战术新特点。第一，接发球的站位和打法：为了对发球一方的上网抢攻战术进行破解，对回球的时间进行缩短，就需要在双打比赛中，相对于单打来说，接发球的站位要更加向前一点，在接第二发球的时候更应该进行抢攻，呈现紧逼的势头，在接法上要轻重结合，不断变化打法和落点，同时注意动作的隐蔽，防止对手发现，同伴的默契配合与变化多端的接法可以表现出非常强烈的反攻能力和水平。

第二，接发球同伴在抢网的时候应该表现强烈的反攻意识。接球员的另一侧的发球线附近应该站着同伴，如果在接发球的时候成功赢得主动权，那么同伴就需要抢网进攻，将被动局面转换为主动局面，对对手上网进攻的节奏进行破坏。在过去，发球一方的网前队员会用手势在背后传达给发球员自己要抢网的意图，现如今发展到接球员同伴在中场也给接球员暗示，以此来实现配合抢攻的目的，给对手施加心理压力。现代高水平的双打战术变化的显著现象之一就是双上网抢攻战术由之前的发球局发展到了现在的接发球局。

第三，如果接发球的抢攻成功，那么就会使对手陷入被动的局面，具体如下：在接发球局的时候要抓住机会占据网前有利的进攻点，适时反扑，尽管与发球方有远近网的区分，但是网前的优势由快速的网前截击的落点以及质量决定，只要处理得好就可以突破对手的发球局。

（3）双打网前的争夺愈加激烈

双上网战术中，两个人并肩作战，相比于单打，场地的宽度要窄三分之一还要多。在赛场上，两个人只有占据有利的进攻位置，才能创造出有利的进攻条件，才能争取到空间和时间，在近网通过大角度的截击和扣杀得分。换句话说，只有占据了网前的有利位置，才能得到赛场上的主动权。如何创造上网的进攻条件成为热点问题，而双打战术的基础为截击球—破网、发球—接发球、高压球—挑高球等相互对抗和相关技术，只有具备以上这些技术，增加两个人之间默契的配合能力才能完成优秀的双打网前战术。双打与单打在战术方面有所不同，不仅在发球和接发球的特点方面有所差异，同时双打削弱了底线正、反拍抽击技术的重要性，减少了底线正、反拍抽击技术的使用率，主要使用的是包括中近场截击、高压球、反弹球的网前技术和包括挑高球、破网在内的破网反击技术。

（4）高难技术在双打战术中起着决定性的作用

因为在双打中会出现双上网抢攻，这就导致四个人会在网前短兵相接，使得击球的节奏比单打要快得多，这就要求运动员具备击球的随机应变能力和提高击球的难度。在双打比赛中，击球的角度比单打大，场区加宽，会增加很多的场区外回击球的概率。在双打比赛中会遇到很多单打中很少会使用的技术，比如：准确的大力旋转发球、快速的网前截击、为应对对手抢网的变化多端的接发球、中场的低截击和反弹球、强上旋破网和挑高球、近网截击对攻变化的截击挑高球、放轻球等。这些在双打快速对抗中由高难度动作组成的快速进攻战术不断推动着网球双打朝着更高的水平发展。

"快、狠、准、巧、全"是当代高水平网球中双打战术的风格。在发球局中实施强有力的网前攻势会提高接发球局的反攻能力；在双打比赛中不断增强的对抗能力和不断加快的节奏和转化速度会使网球双打战术朝着更高的水平和方向发展。

（二）发球局战术

就发球局而言，双打比赛与单打比赛是一样的，都是通过直接进攻，对对手施压，争取赢得比赛中的主动权，来为同伴网前抢网截击得分营造有利的条件。对于发球的战术而言，主要有以下几种：发球上网战术、发球抢网战术、澳大利亚战术。

1. 发球上网战术

基本原则，即通过采用平击、侧旋或上旋大力、快速度、大角度落点准确来提高一发成功率，迫使对手接发球质量降低，为搭档创造抢网截击得分的机会。第二发球要利用旋转和落点的变化，为上网创造条件。无论是一发或是二发都应考虑到对手的技术特点，采用能制约对手发挥特长的发球技术和站位。

2. 发球抢网战术

在使用发球抢网战术的时候应该在事先与同伴商量，比如，发球员发什么位置？要不要抢？采用发球抢网战术可以对对手接发球造成干扰，从而创造出发球上网及抢网的有利得分条件。同时需要对发球员的发球质量、落点、旋转、节奏的变化进行强调。

3. 澳大利亚战术

澳大利亚战术最大的作用就是可以对对手接发球的节奏造成破坏，从而创造出有利的发球上网及抢网条件。在使用该战术的时候，需要对发球落点位置进行协商，另外只有在发球员第一次发球成功时，此战术才能取得充分的效果。

（三）接发球局战术

就接发球而言，双打与单打是完全相反的，在双打中，因为在接发球局中处于被动的位置，如果对手的发球员同伴网前的封网意识和随时抢网意识比较强烈，就会加大接发球局的难度。因此，接发球局中战术运用成功与否的关键在于接发球的质量，为了变被动为主动，接发球时不能总是处于被动状态，应根据对手发球及网前的攻势，提高己方的接发球质量。与此同时，要积极采取积极上网、主动进攻的战术。对于接发球局而言，主要的战术有以下几种：接发球双上网战术、接发球双底线战术、接发球网前抢网战术。

接发球时处于防守被动的地位，运用接发球战术的目的，就是利用有利的站位和接发球的战术，变被动为主动，力求将被动防守地位转变为有利的进攻局面，并可为同伴创造有利的防守和进攻机会。

1. 接发球双上网战术

多数在发球方一发质量不高或二发时所使用的战术。为了抢占网前有利位置，当对手发球时，接发球员利用较小的移动距离而取得较大的防守范围。迎前还击球，然后随接发球上网，迎前击球的目的是使接发球的速度加快，给对手发球上网截击或抢网造成威胁。接发球员的回击球方法多种多样，如回击到发球上网者的脚下或斜线双打线内等，总的原则是达到能发挥自己的优势而抑制对手的目的。

2. 接发球双底线战术

在双打比赛中，如发球方的发球质量对接发球方的压力和威胁过大，而发球方的搭档在网前的抢网意识和能力较强，为了降低己方的被动局面，破坏对手快速进攻的节奏，使对手网前截击不能马上有效得分，则采用此战术比较有效。除此之外，需要对接发球的成功率进行关注，在比赛中积极寻找机会进行反击战，打穿越球的时候应该凶猛，在以中路球、两侧边线小斜线为主的基础上，为了获得赛场的主动权，可以与上旋高球加以结合。

3. 接发球抢网战术

在双打比赛中最常用到的战术就是接发球抢网战术，在运用接发球抢网战术之后可以给对手中发球上网者增加心理负担，即增加中场截击的心理负担，在心理的作用下，就会增大回球失误或回球质量不高的概率，为接发球员同伴创造抢网得分的机会。接发球员接了一个高质量的低平球或对手发球上网者脚下两侧，迫使其从下向上拦出一个质量不高的球，为搭档创造抢网得分的机。

（四）常用双打战术组合

1. 发球局战术

（1）基本阵式

通常发球员最好的发球和上网的位置应是中点和双打发球边线的中间，其搭档一般应在场上另一侧网前，离网大约 3 米，离中线大约 2.5 米，离双打边线大约 3 米（见图 5-36）。

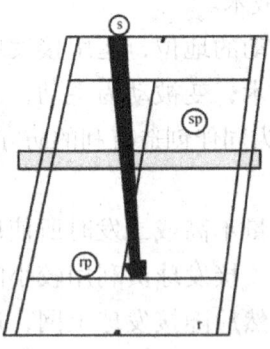

图 5-36　基本阵式示意图

＊（s）：发球员。（sp）：发球员的搭档。（r）：接发球员。（rp）：接发球员的搭档。

（2）澳洲阵式

此阵式的主要特征：发球时，在网前的发球方队员，站立在发球员的同一侧，发球员则站立在中点附近发球（见图5-37）。发球员发球后，立即跑向对角线上网，去封截在基本阵式中由网前队员负责管辖的那半片场地。

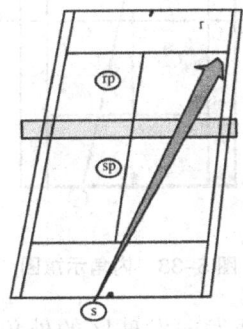

图5-37　澳洲阵式示意图

＊（s）：发球员。（sp）：发球员的搭档。（r）：接发球员。（rp）：接发球员的搭档。

该战术的根本目的是迫使对手改变原来习惯的击球方法和节奏，使得他们不能按原来所习惯的回击斜线球来进行接发球，而逼他们打他们所不擅长的直线接发球。由此而见，澳洲阵式主要适合针对不擅长进行直线接发球的选手。

①"一发"应以深入的旋转发球为主。在双打比赛中，发球并不需要发得过于强劲，但却十分强调发球的落点，一般来讲应以深入的旋转发球为主。首先，带有旋转的发球有利于提高发球的成功率，而一发成功率的高低对于双打比赛是非常重要的。其次，面对带有强烈旋转的发球，对手必须以切削的手法进行化解，这是比较需要技术的。最后，旋转发球速度相对比较慢，如果发得比较深入，那就有比较充分的时间上网。所以，不要过于计较于发球的速度而喜好运用大力的平击发球。事实上发球速度越快，对手还击过来的球也就越早，这对于下一步尽快地上网截击显然是不利的。

②力争控制球场的中央部分。在双打比赛中最主要的战术目的是控制球场的中央部分，一般情况下，谁能更多地控制住球场的中央部位，谁就能获得更多的赢面。因为，这会在发球时限制接球者的回击角度，有利于下一步在网前控制局势。

为了达到这一目的，发球最好以发内角和追身球为主（见图5-38）。

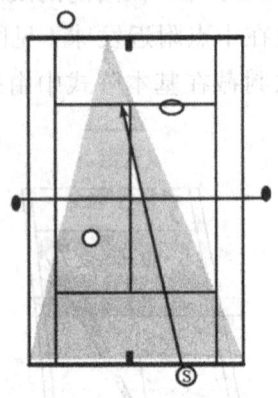

图 5-38　内角示意图

如果经常不在意地把球发向发球区的外角，那么对手就会有比较大的角度来选择回击的落点（见图5-39）。

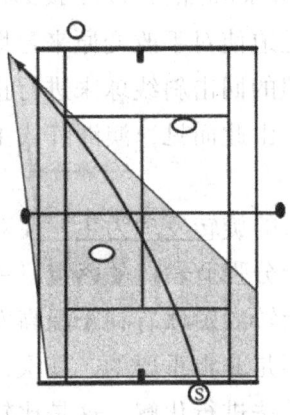

图 5-39　外角示意图

③发向对手的反手。若对手的反手接发球较弱，有意发外角逼他的反手，也是一种比较好的发球战术。通常这种发球运用在第二发球区发球时，如果对手是左手握拍球员，那就正好相反。

④利用切击发球突袭对手的正手外角。由于在比赛中经常采用以发内角和追身球为主的战术，对手就会将注意力主要集中在这方面，并加强防守。此时，应和搭档有默契地利用切击发球突袭对手的正手外角。

运用这个战术有一点特别重要，那就是一定要使搭档知道要多注意封截对手的直线穿越球。因为，此时打一个直线穿越球正是对手的接发球员最好打，也是他最可能形成攻击力的一种打法。

⑤抢截与补位。在双打比赛中，网前队员如果能预测出对手的接发球回击方向，可以采用这种抢截补位战术：网前队员在对手球员接发球的瞬间，利用在网前的有利位置迅速向场地的另一边移动，准备给对手有力的一击。而发球员发完球后则突然改变方向迅速跑向原来搭档的一侧进行补位。

抢截与补位的战术并不难学，关键是两人在比赛中要有很好的默契，因为网前的队员很有可能会判断错误，这就需要发球员及时地进行补位，同时还不能够让对手事前了解自身的意图。而且一旦网前的队员已做出抢截的动作，那么不论他的判断是否正确，双方的动作都必须进行下去，如此才不容易出现失误。

⑥发球员在上网途中的截击方法。在双打比赛中，应养成发球动作完成后随即迅速上网的习惯，如果能及时地赶到网前，通常就能有效地封截对手的攻势而赢得这一分。但是在实战中，绝大多数的情况是发球员在跑向网前的途中，对手已将球回击了过来。此时，由于发球员自己还未赶到网前，所以不可急于想给对手一个有力的截击，否则最容易造成失误。

在大多数情况下，应该是先把球较深地截击回对手靠近接发球员一侧的底线，等自己在网前就位后，再展开下一次更有力的攻击。

如果此时对手的接发球员也正在随球上网途中，可先将球截击回他的脚下。

如果此时对手的接发球员已经靠近网前较好的截击位置，自身又正处于比较低的截击位置，可伺机采用截击吊高球于对手的后场。但这需要有精湛的截击技术、灵巧熟练的手腕和前臂动作，以及良好的战术意识。比赛中运用这种方法具有很大的风险，一旦被对手识破或击球质量不高，换来的极有可能是一个凶猛的高压球。

2. 接发球局战术

同样是接发球，双打比赛与单打比赛就有很大的区别。在双打比赛中，接发球员在球场上可还击的位置比单打时要少许多。首先是在单打比赛中，发球员发球后有时或许不上网，这就对接发球员减少了不小的压力。其次是在双打比赛的发球时，发球方总有一位队员站在网前伺机进行封堵和抢截，这就给接发球方增加了很大的难度和心理上的压力。第三，双打比单打在人数上增加了一倍，但是在场地的宽度上却增加有限。

由此可见，具有高水准的接发球技能，能不时地突破对手的发球局，这对于夺取双打比赛的胜利是非常重要。

（1）阵式

①基本阵式如下（见图5-40）。

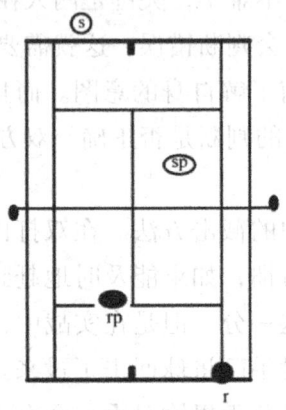

图5-40　基本阵式示意图

②双底阵式如下（见图5-41）。

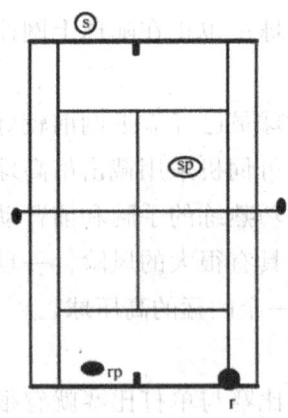

图5-41　双底阵式示意图

（2）接发球基本位置

由于在双打比赛中，通常发球员都比较注重一发的成功率，所以绝大部分选手采用的几乎都是旋转发球，并迅速随球上网。为了能还击出比较具有攻击性的接发球，迫使对手正处于上网途中的发球员只能在离网比较远的地方进行防御性的第一次截击，从而夺得进攻的主动权。接发球员应该力争前移到底线内侧接发对手发来的旋转球。

如果发球方一发失误，接发球员此时就更应该前靠迎击对手的第二发球。

（3）基本方法

通常最佳的接发球方法是直接向发球员或双打边线还击回去（见图5-42、图5-43）。

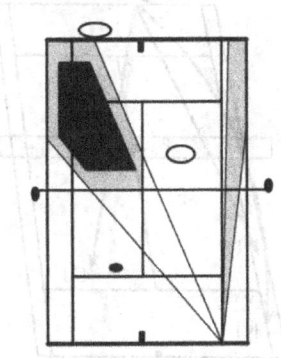

图 5-42　最佳接发球方法一示意图

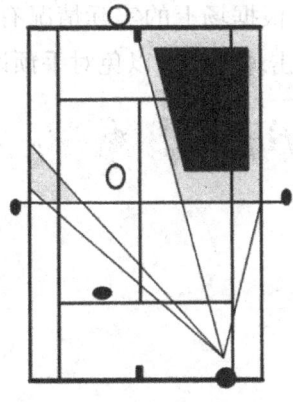

图 5-43　最佳接发球方法二示意图

在高于网的位置用切击的方法将球朝下击向正在上网的发球员，并随球上网。先迫使他只能比较被动地做一个朝上的截击，然后接发球方就可抓住这一机会进行反击。

用反手下旋击球法，打一个擦网而过的低球到正在上网的发球员的脚下，落点尽量控制在发球区线前面，同样也要快速随球上网抓住机会进行反击。

当发球方网前队员抢截比较活跃，或伺机突袭时，抽一个直线穿越球。

上旋拉一个后场高球，以此来应对发球方网前队员的站位比较偏前、抢截比较活跃，并且一发很具威力、发球员上网速度较快（见图5-44）。

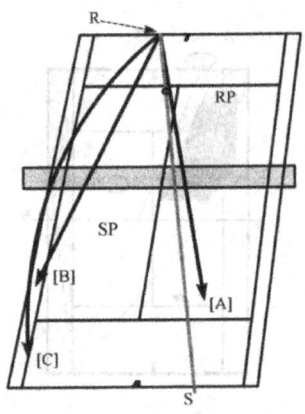

图5-44 后场高球图

另外，在实战中还应根据场上的实际情况有意识地变换接发球的方法，不要老是采用同一种击球方法，以免对手预设破阵的方法。

参考文献

[1] 王润平、贺东波、夏卫智:《当代网球文化与运动教程》,人民体育出版社 2008 版。

[2] 李彬:《网球:新时尚元素》,西南交通大学出版社 2015 年版。

[3] 张钧:《运动营养学》,高等教育出版社 2006 年版。

[4] 杨翼、李章华:《运动性疲劳与防治》,北京体育大学出版社 2008 年版。

[5] 董杰:《网球教程》,高等教育出版社 2005 年版。

[6] 谢成超、杨学明:《大学网球教程》,化学工业出版社 2016 年版。

[7] 侯力、赵世琦、段师博:《高校球类运动文化审视与科学实践》,中国时代经济出版社 2015 年版。

[8] 陈雪红、周兴富:《球类运动教学与训练》,哈尔滨地图出版社 2007 年版。

[9] 刘保华:《现代网球运动》,北京体育大学出版社 2016 年版。

[10] 王泽刚:《现代网球运动教程》,武汉大学出版社 2016 年版。

[11] 史芙英:《网球技术与教法》,同济大学出版社 2016 年版。

[12] 王兴通:《网球运动的发展与科学化训练研究》,中国水利水电出版社 2016 年版。

[13] 罗晓洁:《网球技术与教法》,同济大学出版社 2016 年版。

[14] 李志平、于海强:《网球入门、提高训练与实战》,化学工业出版社 2016 年版。

[15] [法] 伯格森:《创造进化论》,肖聿译,译林出版社 2014 年版。

[16] 周爱光:《竞技运动异化论》,广东高等教育出版社 1999 年版。

[17] 宋继新:《竞技教育学》,人民体育出版社 2003 年版。

[18] [俄] 列·巴·马特维也夫:《竞技运动理论》,姚颂平译,华东理工大学出版社 1997 年版。

[19] 袁伟民:《我的执教之道》,人民体育出版社1988年版。

[20] 赵永平、宋继新:《体育强国的文化自觉》,选自国家体育总局政策法规司编《新中国体育60年理论研讨会论文集》,北京体育大学出版社2009年版。

[21] 马克思、恩格斯:《马克思恩格斯选集：第3卷》,人民出版社1966年版。

[22] 马克思、恩格斯:《马克思恩格斯选集：第1卷》,人民出版社1966年版。

[23] 杨叔子:《中国大学人文启思录》,华中理工大学出版社1996年版。

[24] 北京大学哲学系外国哲学史教研室:《西方哲学原著选读》,商务印书馆1981年版。

[25] 《学府世纪大讲堂》丛书委员会:《中国学府世纪大讲堂》,新疆人民出版社2002年版。

[26] 柳海民:《教育原理》,东北师范大学出版社2016年版。

[27] 周西宽:《体育基本理论教程》,人民体育出版社2004年版。

[28] 陈万柏、张耀灿:《思想政治教育学原理》,高等教育出版社2001年版。

[29] [德]格奥格·西美尔:《生命直观》,刁承俊译,三联书店2003年版。

[30] 李鑫、舒心:《体育运动训练原则对体育教学的启示——评〈高校体育教学模式与方法研究〉》,《中国教育学刊》2023年第5期。

[31] 丁秀娟:《高校体育教学研究与实践——评〈新时代高校体育教学的多维研究与运动教育模式探索〉》,《中国教育学刊》2023年第4期。

[32] 吴国天、陆春敏:《现代教育理念在高校体育教学中的应用——评〈高校体育教学理念及模式创新研究〉》,《中国油脂》2023年第48期。

[33] 邓伟涛、孙玉林:《基于体育技能竞赛的高职体育教学改革策略——评〈高校体育教学理念及模式创新研究〉》,《皮革科学与工程》2023年第33期。

[34] 康华养、朱宁宁:《校园网球文化视阈下高校网球运动的发展路径》,《冰雪体育创新研究》2022年第22期。

[35] 赵健:《新时代高校体育教学模式改革策略研究》,《冰雪体育创新研究》2022年第20期。

[36] 康华养:《新时期高校校园网球文化培育路径研究》,《冰雪体育创新研究》2022年第14期。

[37] 黎俊:《高校网球文化的建设对网球运动普及的影响》,《科技资讯》2020年第18期。

[38] 唐林芳、王晨:《高校网球文化建设对网球运动普及的影响研究》,《冰雪体育创新研究》2020年第20期。

[39] 姚敬宇:《浅谈高校网球文化建设对网球运动普及的影响》,《冰雪体育创新研究》2020年第13期。

[40] 张占斌:《新时代中国特色社会主义政治经济学的创新发展》,《马克思主义与现实》,2021年第3期。

[41] 马达:《网球文化的传播对高校大学生文化素养的培养作用研究》,《当代体育科技》,2020年第10期。

[42] 张奔:《高校网球文化发展对策研究》,《体育世界（学术版）》2019年第11期。

[43] 刘宗林:《论高校校园网球文化建设》,《佳木斯职业学院学报》2019年第5期。

[44] 李奕:《浅谈高校网球文化建设对网球运动普及的影响》,《中国校外教育》2019年第12期。

[45] 皇甫尚锋:《新时期高校网球文化发展分析》,《青少年体育》2018年第8期。

[46] 黎俊杰:《高校文化建设对网球运动普及的影响》,《当代体育科技》2018年第8期。

[47] 张珠:《浅议高校网球文化建设策略》,《当代体育科技》2018年第8期。

[48] 史朝兵:《网球文化教育价值及其在高校普及路径的研究》,《体育科技文献通报》,2018年第26期。

[49] 王乔亮:《高校网球文化对大学生素质教育的影响》,《运动》2017年第6期。

[50] 邹晨阳:《高校网球文化的构建研究》,《科技资讯》2017年第15期。

[51] 王敏武:《浅谈高校网球文化的建设》,《内江科技》2017年第38期。

[52] 夏磊:《高校网球文化建设对网球运动普及的影响》,《当代体育科技》,2016年第6卷第25期。

[53] 黄华娜:《高校网球文化对于网球运动的影响》,《当代体育科技》2016年第6卷第24期。

[54] 丁怡清:《我国高校网球文化建设之探讨》,《教育教学论坛》2015年第13期。

[55] 唐翠玉:《大学网球文化建设对网球运动产生的影响分析》,《当代体育科技》2014年第4卷第36期。

[56] 宋智梁、张良祥、张鹤东:《试论网球文化在高校网球教学中的作用》,《现代妇女(下旬)》2014年第7期。

[57] 宋梅、赵先卿:《网球文化对高校网球教学的影响》,《兰州文理学院学报(自然科学版)》2014年第28卷第4期。

[58] 于卓、孙长明:《网球文化发展探析》,《边疆经济与文化》2013年第11期。

[59] 胡洪波:《对高校网球队文化构建的思考》,《考试周刊》2013年第84期。

[60] 曾庆玲:《"MOOC+翻转课堂"在高校体育舞蹈公共课教学中的应用研究》,阜阳师范大学2022年硕士学位论文。

[61] 陈鹏:《高校体育教育专业篮球课混合式教学模式的构建与应用研究》,辽宁师范大学2022年硕士学位论文。

[62] 刘金鑫:《运动教育模式在普通高校体育舞蹈专业课程教学中的应用研究》,湖北师范大学2022年硕士学位论文。

[63] 李苗:《基于深度学习的高校体育专业理论课堂教学设计与实证研究》,云南师范大学2022年硕士学位论文。

[64] 张帅:《翻转课堂引入高校体育教学的学理分析、价值透视及实践策略研究》,中国矿业大学2021年硕士学位论文。

[65] 郭宇锦:《高校体育保健课"三位一体"教学模式的构建与实践研究》,陕西师范大学2021年硕士学位论文。

[66] 张园:《师生双重视角下高校体育专业在线教学质量评价及使用意愿研究》,华东师范大学2021年硕士学位论文。

[67] 黄鹏:《高校体育俱乐部教学模式在湖北普通本科院校的探索与实践研究》,武汉体育学院2020年硕士学位论文。

[68] 苏万斌:《高校体育专业篮球理论课"翻转课堂"教学要素研究》,广西师范大学2018年硕士学位论文。

[69] 刘朋溪:《高校校园网球运动的文化建设研究》,北京体育大学2018年硕士学位论文。

[70] 王国亮:《翻转课堂引入普通高校公共体育教学的研究》,北京体育大学 2016 年博士学位论文。

[71] 何秋鸿:《"分层教学"理论指导下高校体育教育教学改革研究与实践——以重庆交通大学体育课程改革为例》,成都体育学院 2013 年硕士学位论文。

[72] 张铮:《北京市高校校园网球文化研究》,北京体育大学 2012 年硕士学位论文。

[73] 崔艳艳:《我国普通高校体育教学环境研究》,河北师范大学 2012 年博士学位论文。

[74] 石昊天:《网球文化对大学校园体育文化的影响》,辽宁师范大学 2011 年硕士学位论文。

[75] 高宏图:《中国网球公开赛文化营销战略探析》,北京体育大学 2006 年硕士学位论文。

[76] 刘盼盼:《中国体育产业结构的演进研究》,北京体育大学 2011 年博士学位论文。

[77] 丁智勇:《成都市高校校园网球文化培育研究》,成都体育学院 2021 年硕士学位论文。

[78] 陈少华:《太原市普通高校网球运动发展的 SWOT 分析与对策研究》,哈尔滨体育学院 2021 年硕士学位论文。

[79] 刘妍:《湖北省京山市网球文化建设研究》,湖北大学 2019 年硕士学位论文。

[80] 李健:《河北省高校公共体育部网球运动开展现状调查研究》,河北师范大学 2018 年硕士学位论文。

[81] 朱世起:《河南省普通高校网球业余训练队团队角色与团队效能研究》,河南大学 2018 年硕士学位论文。

[82] 雷昊:《昆明市呈贡区大学城高校网球运动开展现状分析与发展对策研究》,云南大学 2017 年硕士学位论文。

[83] 孙晓艳:《吉林省高校校园网球文化建设情况研究》,吉林体育学院 2016 年硕士学位论文。

[84] 万鑫、丁雨晴:《网球文化正在中国慢慢结出果子》,《环球时报》2016 年 10 月 8 日第 6 版。

[85] 清华大学:《清华大学纪念"为祖国健康工作五十年"口号提出 60

周年》（https://www.tsinghua.edu.cn/info/1182/47585.htm）。

[86] 中国共产党新闻网：《国务院印发〈意见〉加快发展体育产业促进体育消费——力争到2025年产业总规模超5万亿元》（http://cpc.people.com.cn/n/2014/1021/c83083-25875575.html）。

[87] Yang Q, *Analysis of the Construction between Table Tennis Movement and College Campus Sports Culture*, Atlantis Press, 2017.

[88] Wang H, *The Impact Study between Tennis movement and the construction of college campus sports culture*, Atlantis Press, 2017.

[89] Wang H, *The Exploration of Tennis Culture under the Perspective Campus Sports Culture*, Atlantis Press, 2016.